新编学生国学丛书

吕氏春秋

庄适 选注
卢福咸 校订

中国文史出版社

图书在版编目（CIP）数据

吕氏春秋／庄适选注；卢福咸校订．——北京：中国文史出版社，2019.11

（新编学生国学丛书／缪天绶等主编）

ISBN 978-7-5205-1834-5

Ⅰ．①吕…　Ⅱ．①庄…　②卢…　Ⅲ．①杂家　②《吕氏春秋》－注释　Ⅳ．①B229.21

中国版本图书馆CIP数据核字(2019)第278204号

责任编辑：金　硕

出版发行：**中国文史出版社**
社　　址：北京市海淀区西八里庄路69号院　　邮　　编：100142
电　　话：010-81136606　81136602　81136603　81136605（发行部）
传　　真：010-81136655
印　　厂：北京温林源印刷有限公司
经　　销：全国新华书店
开　　本：880mm×1230mm　1/32
印　　张：3.75
字　　数：80千字
版　　次：2020年2月北京第1版
印　　次：2020年2月第1次印刷
定　　价：16.80元

总　　序

冯天瑜

作为汉字古典词，“国学”本谓周朝设于王城及诸侯国都的贵族学校，以与地方性、基层性的“乡校”“私学”相对应。隋唐以降实行科举制，朝廷设“国子监”，又称“国子学”，简称“国学”，有朝廷主持的国家学术之意。

时至近代，随着西学东渐的展开，与来自西洋的“西学”相比配，在汉字文化圈又有特指本国固有学术文化的“国学”一名出现。如江户幕府时期（1601—1867）的日本人，自18世纪起，把流行的学问归为三类：汉学（从中国传入）、兰学（从欧美传入，19世纪扩称洋学）、国学（从《古事记》《日本书纪》发展而来的日本固有学术）。19世纪末、20世纪初，中国留日学生与入日政治流亡者，以及活动于上海等地的学人，采借日本已经沿用百余年的“国学”一名，用指中国固有的学术文化。1902年梁启超（1873—1929）撰文，以“国学”与“外学”对应，强调二者的互动共济，梁氏曰：“今日欲使外学之真精神普及于祖国，则当转输之任者，必邃于国学，然后能收其效。”（《论中国学术思想变迁之大势》）1905年国粹派在上海创办《国粹学报》，公示“发明国学，保存国粹”宗旨。这里的“国学”意为“国粹之学”。该刊发表章太炎（1869—1936）、刘师培（1884—1920）、陈去病（1874—1933）等人的经学、史学、诸子学、文字训诂方面文章，以资激励汉人的民族精神与文化自信。从此，中国人开始在“中国固有学术文化”意义上使用“国学”一词，为“国故之学”的简称。所谓“国故”，指中国传统的学术文化之故实，此前清人多有用例，如魏源（1794—1857）认为，学者不应迷恋词章，学问要从“讨朝章、讨国故始”（《圣武记》卷一一），这“讨国故”的学问，也就是后来所谓之国学。

经清末民初诸学者（章太炎、梁启超、罗振玉、王国维、刘师培、黄侃、陈寅恪等）阐发和研究，国学所涉领域大定为：小学、经学、史学、诸子、文学，约与现代人文学的文、史、哲相当而又加以综汇，突现了中国固有学术整体性特征，可与现代学校的分科教学相得益彰、彼此促进，故自 20 世纪初叶以来，“国学”在中国于起伏跌宕间运行百年，多以偏师出现，而时下又恰逢勃兴之际。

中国学术素有“文、史、哲不分家”的传统，中国学术的优势与缺陷皆与此传统相关。百年来的中国学校教育仿效近代西方学术体制，高度分科化，利弊互见。其利是促进分科之学的发展，其弊是强为分割知识。为克服破碎大道之弊，有人主张打通文、史、哲壁垒，于是便有综汇中国人文学的“国学”之创设，并编纂教材，进于学校教育、家庭教育、社会教育，其先导性教材结集，为 20 世纪 20 年代至 30 年代原商务印书馆由王云五策划并担任主编的《万有文库》之子系《学生国学文库》。所收均为四部重要著作。略举大凡：经部如诗、礼、春秋，史部如史、汉、五代，子部如庄、孟、荀、韩，并皆刊入；文辞则上溯汉、魏，下迄近代，诗歌则陶、谢、李、杜，均有单本，词则多采五代、两宋。丛书凡 60 册，已然囊括了“国学”之精粹。其鲜明之特色是选注者掺入了对原著的体味，经史诸书选辑各篇，以表见其书、其作家之思想精神、文学技术、历史脉络者为准。其无关宏旨者，概从删削、剔抉。选注者中不乏叶圣陶、茅盾、邹韬奋、傅东华这样的学界翘楚。他们对传统国学了然于胸，于选注自然是举重若轻，驾轻就熟。这样一份业经选注者消化、反刍的国学精神食粮自然更便于国学入门者吸收。

这样一套曾在20世纪初在传播传统文化、普及国学知识方面起到重要的作用的丛书即便今天来看也是历久弥新。中国文史出版社因应时势，邀约深谙国学之行家里手于原辑适当删减、合并、校勘，以 30 册 300 余万言，易名《新编学生国学丛书》呈献当今学子。诸书均分段落，作标点，繁难字加注音，以便省览。诸书原均有注释，古籍异释纷如，原已采其较长者，现做适当取舍、增删。诸书较为繁难、多音多义之字，均注现代汉语拼音，以便讽颂。诸书卷首，均有选注者序，述作者生平、本书概要、参考书举要等，凡所以示读者研究门径者，不厌其详，现一仍其旧。

这样一套入门的国学读物，读者苟能熟读而较之，冥默而求之，国学之精要自然神会。

是为序。

校订说明

丛书原名《学生国学文库》，为 20 世纪二三十年代商务印书馆王云五主编《万有文库》之子系，现易名《新编学生国学丛书》，奉献给广大国学爱好者。

原丛书共 60 种，考虑到难易程度、四部平衡、篇幅等因素，在广泛征求专家意见基础上，现删减为 34 种 30 册。

基本保留了原书的篇章结构。因应时势有极少量的删节。

原文部分，均选用通用、权威版本全文校核，参以校订者已见做了必要的校核和改订。为阅读的通顺、便利，未一一标注版本出处。

注释根据原文的结构分别采用段后注、文后注，以便读者省览。原注作了适当增删，基本上保持原文字风格，之乎者也等虚词适当剔除，增删力求通畅、易懂，避免枝蔓。典实、注引做了力所能及的查证，但因才学的有限疏漏可能在所难免。

原书为繁体竖排，现转简体横排。简化按通行规则，但考虑到作为国学读物，普及小学知识亦在情理之中，故而保留了少量通假字、繁体字、异体字，一般都出注说明。或许亦可增加读者的阅读兴趣和扩大知识面。

生僻、多音字作相应注音，原反切、同音、魏妥玛注音，均统一改现代汉语拼音。

国学读物校订，工作浩繁，往往顾此失彼，多有不当处，还望读者指正。

例　言

《吕氏春秋》全书分十二纪、八览、六论。每纪分五篇，每览分八篇，每论分六篇，合计百六十篇。此选本精心择辑，在十二纪中，选《本生》《重己》《贵公》《尽数》《先己》《审己》《精通》《节丧》《安死》《异宝》《异用》《当务》《诚廉》十三篇。在八览中，选《谨听》《首时》《权勋》《贵因》《察今》《先识览》《去宥》《精谕》《离谓》《离俗览》《贵信》《举难》《召类》十三篇。在六论中，选《期贤》《疑似》《察传》《壅塞》《别类》《分职》《务大》七篇。共计三十三篇，都是精美切要之作。

凡关于古代典礼、阶级观念、武力主张等材料，本人以为不合时宜，都从割爱。

《吕代春秋》有元刻本，有明刻本。毕沅依各本校勘，刊行灵岩山馆本。光绪初年，浙江书局据此校刻，此选本所用，就是浙局所刻的毕氏校本。其中错误之处，除依毕校外，更取孙诒让《札迻》、俞樾《诸子平议》、陈昌齐《吕氏春秋正误》等书，详加订正。

高诱注往往有不当之处，此选本悉据各家训解，为之纠正。

绪 言

一、《吕氏春秋》的由来

《吕氏春秋》旧题“吕不韦撰”，其实是他的门下士所作。这部书产生的原因，很是特别。当吕不韦做秦国宰相的时候，魏国有信陵君，楚国有春申君，赵国有平原君，齐国有孟尝君，都折节下士，喜宾客，宾客愈多，他们的名气愈大。吕不韦觉得秦国这样强盛，自己又这样显贵，这件事不应当不及他们，所以也尽力招致宾客，居然也招得食客数千人。那时候诸侯辩士如荀卿、虞卿一班人，都著书传布天下，不韦一想，这也是显名的妙法，自己虽能力不及，现放着许多食客，正好利用，于是就叫他们把自己的心得，和传闻故事，各自写出来，集成一书。他就把这书冒充自己的著作，名为“吕氏春秋”，这便是《吕氏春秋》的由来。

二、吕不韦传

吕不韦本是阳翟地方一个有名的富商。有一次，他为着买卖的事，到了赵国，恰巧有个秦昭王庶孙名楚的在赵国做质子，不韦见了，以为奇货。就和楚商量，说他父亲安国君现做昭王的太子，要到秦国去运动安国君，把他立做嫡嗣，楚听了这话，很是欢喜。后来不韦到了秦国，居然把这件事运动成功了。不用说，楚自然对吕不韦感激十二分。不上几年，秦昭王死了，安国君即位，为孝文王，就立楚做了太子。孝文王在位一年就死了，楚即位，为庄襄王。因吕不韦有大功，拜为丞相，封文信侯，食河南洛阳十万户，以为酬报。庄襄王在赵国的时候，有一赵女，和不韦同居，有了身孕，不韦就把她献给庄襄王，等到生下来，却是个男孩子，庄襄王给他命名叫政。庄襄王以为这孩子是自己的骨血，却不知这孩子的生身父竟是吕不韦。庄襄王在位三年就死了，政即位——这便是始皇帝——尊不韦为相国，号称仲父。这时候那个和不韦同居的赵女，已为太后，却要常常和不韦私通，不韦怕事情败露，害及自己，另外觅得一个大阴人，叫做嫪毐，装作宦者，送入宫中，做了自己的替身。后来始皇长大，有人告发嫪毐，并非宦者，考问得实，嫪毐族诛，不韦也被牵连，革去相职，休归河南。诸侯宾客使者听得不韦革职，接连不断地到他家问候，始皇防他作乱，叫他率领家属迁居蜀地，不韦怕终究不能免死，就服毒自尽了。

三、《吕氏春秋》的价值

照上面所说，吕不韦用机诈手段，博取富贵，品行既无足取，功业又不足称，不过是一个奸险小人罢了，怎么会扬名后世的呢？那就不能不归功于《吕氏春秋》。原来《吕氏春秋》这部书，很有可取之处：如贵养生的《本生》等篇，讥厚葬的《节丧》等篇，重廉节的《诚廉》等篇，通时变的

《察今》等篇，立论都切中时弊。其他大至君人之道，小至人事之常，也无不“持之有故，言之成理”。吕不韦有了这样一部冒牌的书，人家自然援着“不以人废言”之例，不去十分说他坏了。

周秦之间，著书的人，大抵“有为而发”，如说虚无的《老子》，托寓言的《庄子》，抒忠愤的《离骚》，说性恶的《荀子》，尚刑名的《韩非子》，没一个不“自成一家之言”。至于借著书以邀名，而书又不是一人专著的，只有《吕氏春秋》。但是这一点正是《吕氏春秋》的特色，全书以儒家为主，其中却道家言也有，墨家言也有，名家言也有，法家言也有，农家言也有，兵家言也有，“沈博绝丽”（毕沅语），“备天地万物古今之事”（语见《史记》本传），在群书中可称“独树一帜”。

《吕氏春秋》取材广博。如《礼经》《庄子》《老子》《文子》《仓子》等，都是他的蓝本。等到始皇焚书，他采取的原书，除去上列的几部外，多半亡失，后人要探索古书，却只能从《吕氏春秋》内觅得一鳞半爪，因此更觉得这部书有流传的价值。

可是《吕氏春秋》这部书，大体虽是不差，不能说没有“小疵”，因为全书多至二十余万言，又不是一人的作品，结构自难细密，旨趣自难纯一。所以书中往往有记载失实、主张冲突、议论不联贯的地方。然而书成之后，吕不韦将他“布咸阳市门，悬千金其上，延诸侯游士宾客有能增损一字者，予千金”（见《史记》本传）。当时竟没能增损的，那是什么缘故？高诱以为“时人非不能也，盖惮相国，畏其势耳”，这句话或者是不错的。

四、结语

作者著《吕氏春秋》的时候，六国虽没有灭亡，但是大势所趋，大家知道此种分裂的状态，不能持久，秦国必得天下，所以书中常有天下不可无天子的话头。换句话说，就是天下不可不统一。不过怎样才能统一，统一后怎样善后，不可不研究。我们从书中窥察，知道他统一的方法，是用武力，善后的方法，言之甚详，约分君主、人臣、用民、制度数方面立说。作者初意，很希望将来见诸行事，做一代兴王的典则，不料秦得天下之后，李斯作相，迎合了始皇的意旨，严刑峻法，专制一切，把书中所说，都撇在脑后，作者一番苦心，竟完全埋没了。然而《吕氏春秋》幸而早作二十年，若使再迟二十年，严酷的秦法已定，人民已失其言论自由，作者此种学术思想，恐怕连发表的机会也没有了。所以退一步想，《吕氏春秋》能够成为传作，已经是幸事，怎么还说得到实行他的理论呢。

庄适

1926年7月17日

目　录

十二纪选目

八览选目

六论选目

十二纪选目

本　生[1]

始生之者，天也，养成之者，人也。能养天之所生而勿撄之，谓之天子[2]。天子之动也，以全天为故[3]者也。此官之所自立也。立官者，以全生也，今世之惑主，多官而反以害生，则失所为立之矣[4]。譬之若修兵者，以备寇也。今修兵而反以自攻，则亦失所为修之矣[5]。

夫水之性清，土者抇[6]之，故不得清。人之性寿，物者抇之，故不得寿。物也者，所以养性也，非[所]以性养也。今世之人，惑者多以性养物[7]，则不知轻重[8]也。不知轻重，则重者为轻，轻者为重矣。若此，则每动无不败。以此为君，悖；以此为臣，乱；以此为子，狂。三者国有一焉，无幸必亡[9]。

今有声于此，耳听之必慊已[10]，听之则使人聋，必弗听。有色于此，目视之必慊已，视之则使人盲，必弗视。有味于此，口食之必慊已，食之则使人喑[11]，必弗食。是故圣人之于声色、滋味也，利于性则取之，害于性则舍之，此全性之道也。世之贵富者，其于声色滋味也，多惑者。日夜求，幸而得之则遁焉[12]。遁焉，性恶得不伤？万人操弓，共射[其]一招[13]，招无不中。万物章章[14]，以害一生，生无不伤；以便一生，生无不长。故圣人之制万物也，以全其天也。天全则神和矣，目明矣，耳聪矣，鼻臭[15]矣，口敏矣，三百六十节[16]皆通利矣。若此人者，不言而信，不谋而当，不虑而得，精通乎天地，神覆乎宇宙[17]；其于物无不受也，无不裹也，若天地然[18]。上为天子而不骄，下为匹夫而不惛[19]。此之谓全德之人[20]。

贵富而不知道[21]，适足以为患，不如贫贱。贫贱之致物也难[22]，虽欲过之，奚由？出则以车，入则以辇，务以自佚，命之曰“招蹶之机”[23]。肥肉厚酒，务以自强[24]，命之曰“烂肠之食”；靡曼皓齿[25]，郑卫之音[26]，务以自乐，命之曰“伐性之斧”。三患者，贵富之所致也。故古之人[27]有不肯贵富者矣，由重生故也；非夸以名也，为其实也[28]。则此论之不可不察也。

---

[1]本生：以能养其生为本之意。　[2]撄（yīng）：犹违戾、扰乱也。如上古帝王教民为宫室，教民火食，教民耕稼医药，使民无夭折之患，皆为能养天之所生者。能如此，则是“勿撄”。[3]全天：即不要违损天然也。故：事也。　[4]多立官乃任不肖以害民，则失所为立官之意。　[5]修兵本以备寇，而因民心之不顺，所修之兵，适为己害，则失所为修兵之意。　[6]扣（gǔ）：同“滑”，搅乱。　[7]身为物所役，虽徇之而勿悟，所谓以性养物也。　[8]轻以喻物，重以喻身。　[9]无幸必亡：言其国必亡无幸免也。　[10]慊（qiè）：快也。已，语助词。　[11]喑（yīn）：

口不能言也。　[12]遁：流逸不能自禁也。　[13]招：准的也。[14]章章：明也。　[15]臭：嗅觉灵也。　[16]三百六十节：骨节之数。　[17]宇宙：区域之内。　[18]其德如天无不覆，如地无不载，故曰“若天地然”。　[19]惛：读如忧闷之“闷”，义亦同。　[20]其人不论升沉，德行皆无亏缺，故曰“全德之人”。[21]不知道：不知持盈知足之道也。　[22]贫贱无势，不能致情欲之物，故难。　[23]招：致也；蹶：痿蹶。过佚则血脉不流通，骨节不灵活，故为“招蹶之机”。　[24]强，读上声，强而食也，盖酒醉肉饱，犹必食之，故曰强也。　[25]靡曼：细理弱肌，美色也。皓齿：洁白齐整之齿也。　[26]郑国淫辟，男女私会，歌音荡人心志。纣使乐师作靡靡之乐，武王入商，乐师抱乐器自沉于濮水。后师涓过焉，夜闻其音，以琴写之，为晋平公作之，师旷斥为亡国之音。谓纣太师以此音自投濮水，此声必得自濮水。濮，卫地，后因称淫声为“郑卫之音”。　[27]如许由、巢父等。[28]夸以，一说当作“以夸”。名：轻富贵之虚名。实：全生保性之实。

重 己

倕[1]，至巧也。人不爱倕之指，而爱己之指，有之利[2]故也。人不爱昆山之玉[3]，江汉之珠[4]，而爱己之一苍璧小玑[5]，有之利故也。今吾生之为我有，而利我亦大矣！论其贵贱，爵为天子，不足以比焉[6]；论其轻重，富有天下，不可以易之[7]；论其安危，一曙失之[8]，终身不复得。此三者，有道者之所慎也[9]。有慎之而反害之者，不达乎性命之情也。不达乎性命之情，慎之何益[10]？是师者之爱子也，不免乎枕之以糠[11]；是聋者之养婴儿也，方雷而窥之于堂[12]。有殊[13]弗知慎者。夫弗知慎者，是死生存亡可不可[14]，未始有别也。未始有别者，其所谓是，未尝是；其所谓非，未尝非。是其所谓非，非其所谓是，此之谓大惑。若此人者，天之所祸也，以此治身，必死必殃；以此治国，必残必亡，夫死殃残亡，非自至也，惑召[15]之也。寿长至常亦然。故有道者不察所召，而察其召之者，则其至不可禁[16]矣。此论不可不熟[17]。

使乌获[18]疾引牛尾，尾绝力勯[19]，而牛不可行，逆也。使五尺竖子引其棬[20]，而牛恣所以之[21]，顺也。世之人主贵人，无贤不肖，莫不欲长生久视[22]，而日逆其生[23]，欲之何益？凡生之长也，顺之也，使生不顺者，欲[24]也。故圣人必先适[25]欲。

室大则多阴，台高则多阳；多阴则蹶[26]，多阳则痿[27]，此阴阳不适之患也。是故先王不处大室，不为高台，味不众珍，衣不燀[28]热。燀热则理塞[29]，理塞则气不达；味众珍则胃充，胃充则中大[鞔]菀[30]，中大[鞔]菀而气不达。以此长生[31]，可得乎？昔先圣王之为苑囿园池[32]也，足以观望劳形[33]而已矣；其为宫室台榭也，足以辟[34]燥湿而已矣；其为舆马衣裘也，足以逸身暖骸而已矣；其为饮食酏醴[35]也，足以适味充虚[36]而已矣；其为声色音乐也，足以安性自娱而已矣。五者，圣王之所养性也，非好俭而恶费也，节乎性[37]也。

---

[1]倕（chuí）：尧舜时巧工，亦作“垂”。 [2]有之利：有诸己者为利便也。 [3]昆山：昆仑山之简称。玉之生于昆山者，燔以炉炭，三日夜而色泽不变。 [4]江汉：长江与汉水。珠出于江汉者，黑夜生光，夙称美珠。 [5]苍璧：玉之一种，玉多而石少。珠之不圆者曰“玑”。 [6]天子虽贵，己虽贱，人仍重视己贫贱之身也。 [7]虽有天下之富，不肯以己易之也。 [8]旦明谓之曙，一曙失之，言一旦失其生命。 [9]慎：谓慎于以所贱易所贵，以所轻易所重，以所危易所安也。 [10]虽慎而不当，故曰何益。 [11]师者：瞽师无目者。糠易使目致盲，枕之以糠，不利之也。 [12]婴儿闻雷惊怖，聋者不闻，方雷犹抱儿窥之于堂，使之益怖。 [13]殊：绝也。 [14]可不可，一说，下“可”衍，“不”，读如“否”。 [15]召：致也。 [16]所召：谓死生存亡。召之者：谓所召之由在己。死生存亡之至，惟在于己，已

之所行得其道，不求福而福自至，不得其道，虽力求免祸而不得，故曰“其至不可禁”。 [17]熟：与“孰”通，思也。 [18]乌获：古力士名。 [19]勯（dān）：尽也。 [20]棬（juàn）：牛鼻上环也。 [21]恣：任从之也。以之：使所往也。 [22]死为瞑，视则不瞑矣，不瞑即不死，故久视为久不死之义。 [23]日逆其生：谓纵欲无度也。 [24]欲：情欲。 [25]适：调节之也。[26]蹶：本义为僵仆，跌倒，在此为逆寒而致疾也。 [27]痿：身体某一部分萎缩不能行动，或失去机能。 [28]燀（dān）：谓过热如焚也。 [29]理塞：血热郁于肌理也。 [30]中：中气。菀（yù）：怫郁也。 [31]以此长生，一作“以此求长生”。[32]苑囿为畜禽兽之所，苑大而囿小。园以植林木，池以畜鱼鳖。[33]劳形：言惟供游观，不沉溺于此，劳其形而心志不惑也。[34]辟：与“避”同；一作“备”。 [35]酏（yǐ）：清酒也。醴：甘浊之酒，曲少而米多也。 [36]适味：谓调和腥膻。充虚：即充饥也。 [37]节乎性：谓和适其性，不过度也。

贵 公

昔先圣王之治天下也，必先公，公则天下平矣。平得于公。

尝试观于上志[1]，有得[2]天下者众矣，其得之[3]以公，其失之必以偏。凡主之立也，生于公。故《鸿范》[4]曰："无偏无党，王道荡荡[5]。无偏无颇，遵王之义[6]；无或作好[7]，遵王之道；无或作恶[8]，遵王之路。"天下非一人之天下也，天下之天下也。阴阳之和，不长一类；甘露时雨，不私一物；万民之主，不阿一人。伯禽将行[9]，请所以治鲁。周公曰："利而勿利也[10]！"荆人有遗弓者[11]，而不肯索，曰："荆人遗之，荆人得之，又何索焉！"孔子闻之曰："去其'荆'[12]而可矣！"老聃[13]闻之曰："去其'人'[14]而可矣！"故老聃则至公矣。天地大矣，生而弗子[15]，成而弗有[16]，万物皆被其泽，得其利，而莫知其所由始[17]。此三皇五帝[18]之德也。

管仲[19]有病，桓公[20]往问之，曰："仲父之病矣[21]。渍[22]甚，国人弗讳[23]，寡人将谁属[24]国？"管仲对曰："昔者臣尽力竭智，犹未足以知之[25]也，今病在于朝夕之中，臣奚能言？"桓公曰："此大事也，愿仲父之教[26]寡人也！"管仲敬诺，曰："公谁欲相？"公曰："鲍叔牙[27]可乎？"管仲对曰："不可。夷吾善鲍叔牙。鲍叔牙之为人也，清廉洁直，视不己若者，不比于人[28]。一闻人之过，终身不忘[29]。”“勿己，则隰朋[30]其可乎？”“隰朋之为人也，上志而下求[31]，丑不若黄帝[32]，而哀不己若者[33]。其于国也，有不闻[34]也；其于物也，有不知也[35]；其于人也，有不见也[36]。勿已乎，则隰朋可也。”夫相，大官也。处大官者，不欲小察[37]，不欲小智[38]，故曰：“大匠不斫[39]，大庖不豆[40]，大勇不斗[41]，大兵不寇[42]。”桓公行公去私恶，用管子而为五伯长[43]；行私阿所爱，用竖刀而虫出于户[44]。人之少也愚，其长也智，故智而用私，不若愚而用公；日醉而饰服[45]，私利而立公，贪戾而求王，舜弗能为。

---

[1]上志：古代之记载。　[2]另有版本无“得”字。　[3]另有版本“之”下有“必”字。　[4]《鸿范》：《书》篇名，亦作《洪范》。　[5]荡荡：平易也。　[6]义：法也，古音“俄”，字与“颇”音协。　[7]或：有也。好：私好。　[8]恶：擅作威福也。　[9]伯禽：周公旦之子，封于鲁。将行，将之国也。[10]利而勿利：言务利民而勿以自利。　[11]楚之国号，旧曰荆。遗：失也。　[12]去其“荆”，言去“荆”字，只曰“人遗之人得之”。　[13]老聃：姓李，名耳，字伯阳，外字聃，相传母怀之累岁而后生，故又称老子，为周守藏史，见周衰，乃西出函关隐去。　[14]去其“人”，意谓天下失之，天下得之。　[15]生而弗子：生育民人而不以为己子也。　[16]成而弗有：成遂万物而不以为己所有也。　[17]万物被泽得利，自以为当然，故曰“莫

知其所由始”。　[18]三皇：上古三名皇，其说不一：一谓天皇、地皇、人皇；一谓伏羲、神农、女娲；一谓伏羲、神农、黄帝。荒邈难稽。五帝：上古五圣帝，其说亦不一：一谓伏羲、神农、黄帝、少昊、颛顼；一谓黄帝、颛顼、帝喾、尧、舜；一谓少昊、颛顼、帝喾、尧、舜。　[19]管仲：名夷吾，字仲，谥曰敬，故又称敬仲，相齐桓公称霸。　[20]桓公：名小白，春秋时霸主之首。[21]仲为管仲之字，父为尊称。病：困也；一作“疾病”，谓疾困也。[22]渍（zì）甚：犹病甚；一作“如渍甚”。　[23]弗讳：言不能讳其死也。　[24]属：托也。　[25]未足以知之：未足以知人也。　[26]教：犹告也。　[27]鲍叔牙：齐大夫，少与管仲相友善，知仲之才，荐于桓公而称霸。　[28]不比于人：不能教导之使与人齐也。　[29]闻人过而不忘，必不念人之功。　[30]隰朋：齐公族大夫，其先封于隰阴，因以为氏。　[31]上志：志上世贤人而模仿之。下求：犹下问也。　[32]丑：耻也；黄帝：上古圣帝。言其能景仰古圣贤，愧弗如也。　[33]哀不己若者：谓能训率不若己者，使之与己齐也。　[34]不闻：不求闻其善，志在利国而已。　[35]物：事也。于物有不知：言非其职事，不求知之也。　[36]于人有不见，言务在济民，不求见之，所谓“非家至而见之也”（语见《孝经》）。　[37]小察则苛其小节，略其大体。　[38]小智则以知小事自炫其能矣。　[39]大匠不斫：言大匠但视模范，不自削斫。　[40]豆：“剅”之假借字，裂也；大庖不豆：言大庖但调和五味，不亲宰割也。　[41]大勇不斗：言大勇不自斗而自能服人也。　[42]寇：害也。大兵不寇：谓举兵以义者，不害于民也。　[43]管仲本事公子纠，纠与桓公皆出亡在外。齐乱，桓公自莒先入，纠自鲁入，桓公以齐师御之，仲射桓公，中其带钩。及纠败死，桓公用鲍叔言，赦仲罪，迎以为相。仲辅桓公，卒为五伯首，故曰“行公去私恶”。五伯：春秋时五霸主：齐桓公、宋襄公、晋文公、秦穆公、楚庄王也。 [44]刀（diāo）：后人改为“刁”。竖刀，宫内小臣名刀者也，自宫以近桓公，桓公嬖之。管仲、隰朋卒，桓公信用竖刀。公卒，刀等为乱，诸公子树党争立。公尸在床，莫敢棺。凡六十七日，尸虫出于户。[45]饰：读如饬；饬服，谓整丧纪。礼，丧不饮酒食肉也。

尽　数[1]

天生阴阳寒暑燥湿，四时之化，万物之变，莫不为利，莫不为害[2]。圣人察阴阳之宜，辨万物之利以便生，故精神安乎形[3]，而年寿得长焉。长也者，非短而续之也，毕其数也。毕数之务，在乎去害。何谓去害？大甘、大酸、大苦、大辛、大咸五者充形，则生害矣；大喜、大怒、大忧、大恐、大哀五者接神，则生害矣；大寒、大热、大燥、大湿、大风、大霖、大雾七者动精，则生害矣。故凡养生莫若知本[4]，知本则疾无由至矣。

精气之集也，必有入也[5]。集于羽鸟，与为飞扬；集于走兽，与为流行；集于珠玉，与为精朗；集于树木，与为茂长；集于圣人，与为敻[6]明。精气之来也，因[7]轻而扬之，因走而行之，因美而良之，因长而养之，因智而明之。流水不腐[8]，户枢不蝼[9]，动也。形气亦然。形不动，则精不流[10]，精不流，则气郁。郁处头，则为肿、为风[11]；处耳，则为挶[12]、为聋；处目，则为𥌒[13]、为盲；处鼻，则为鼽、为窒[14]；处腹，则为张、为府[15]；处足，则为痿、为蹶[16]。轻水所多秃与瘿人[17]；重水所多尰与躄[18]人；甘水所多好与美人；辛水所多疽与痤[19]人；苦水所多尪与伛人[20]。

凡食，无强厚味，无以烈味重酒[21]，是以谓之疾首[22]。食能以时[23]，身必无灾。凡食之道，无饥无饱，是之谓五藏之葆[24]。口必甘味[25]，和精端容[26]，将之以神气[27]，百节虞欢[28]，咸进受气[29]。饮必小咽，端直无戾。今世上卜筮祷祠，故疾病愈来，譬之若射者，射而不中，反修于招[30]，何益于中！夫以汤止沸，沸愈不止，去其火，则止矣。故巫医毒药，逐除治之，故古之人贱之也，为其末也。

---

[1]尽数：自尽其长久之寿数，不促而短之也。 [2]阴阳寒暑燥湿，为天之六气，阴阳生寒暑燥湿，寒又生燥，暑又生湿，四时之化万物之变皆因之，人在气交之中，适中则为利，过节则为害。 [3]无所贪欲，则精神与形体，相守而不离，故曰“精神安乎形”。 [4]本：谓不嗜利欲之善性。 [5]入：内也，内与“纳”同；必有入也：言必有所受之也。 [6]敻（xiòng）：大也，远也。 [7]因：依也。 [8]腐：积垢也。 [9]蝼，一作“蠹”（dù）；不蝼：言不至朽腐如蝼蛄之臭也；又作蝼蚁不穴解。 [10]流：疏达畅行也。 [11]肿：筋脉壅阻作痛也。风：眩晕病也。 [12]挶（jū）：握持也；一说“聀”（zhì）之误，耳病。 [13]䁾（miè）：眼睛红肿；一说目不明也。 [14]鼽（qíu）：鼻塞也。 [15]张：腹满如张弓也。疛（zhǒu）：小腹疾，盖瘕疝之属也。 [16]痿，蹶，义皆见《重己》篇。 [17]瘿：咽疾也。 [18]尰（zhǒng）：肿足也。躄（bì）：足废不能行。 [19]痤（cuó）：痈也。 [20]尪（wāng）：胫、背或胸部弯曲的病。伛（yǔ）：曲背。

[21]烈味：味之富刺激性者。重酒：酒质之浓厚者。　[22]疾首：致疾之端也。　[23]时：谓有节制。　[24]心肝脾肺肾，旧称五藏。葆：安也，谓所以安五藏也。　[25]甘味：言不论何味，皆以为甘，所谓饥者甘食也。　[26]和精：调摄精气；端容：犹正容；皆食顷不乱之状。　[27]将：养也；言收束神气于匕箸间，使不外散也。　[28]虞欢：安和之义。　[29]气：食物之精气。[30]招：见《本生》篇。

先　己

汤问于伊尹[1]曰："欲取天下，若何？"伊尹对曰："欲取天下，天下不可取；可取，身将先取[2]。"凡事之本，必先治身。啬其大宝[3]，用其新，弃其陈，腠理遂通[4]，精气日新，邪气尽去，[及][5]终其天年。此之谓真人。昔者，先圣王成其身而天下成，治其身而天下治。故善响者不于响于声，善影者不于影于形，为天下者不于天下于身。《诗》曰："淑人君子，其仪不忒，其仪不忒，正是四国。"[6]言正诸身也。故反其道[7]而身善矣；行义则人善[8]矣；乐备君道[9]，而百官已治矣，万民已利矣。三者之成也，在于无为。无为之道曰胜天[10]，义曰利身[11]，君曰勿身[12]。勿身督听[13]，利身平静，胜天顺性[14]。顺性则聪明寿长，平静则业进乐乡[15]，督听则奸塞不皇[16]。故上失其道，则边侵于敌；内失其行，名声堕于外。是故百仞[17]之松，本[18]伤于下，而末槁于上；商周之国[19]，谋失于胸[20]，令困于彼[21]。故心[22]得而听得，听得而事得，事得而功名得。五帝[23]先道而后德，故德莫盛焉；三王先教而后杀[24]，故事莫功焉[25]；五伯[26]先事而后兵，故兵莫强焉。当今之世，巧谋并行，诈术递用，攻战不休，亡国辱主愈众，所事者末也。

夏后伯启与有扈战于甘泽而不胜[27]。六卿请复之[28]，夏后伯启曰："不可，吾地不浅[29]，吾民不寡，战而不胜，是吾德薄而教不善也。"于是乎处不重席，食不贰味，琴瑟不张[30]，钟鼓不修[31]，子女不饬[32]，亲亲长长，尊贤使能。期年而有扈氏服。故欲胜人者，必先自胜；欲论人者，必先自论；欲知人者，必先自知。《诗》曰："执辔如组。"[33]孔子曰："审此言也，可以为[34]天下。"子贡[35]曰："何其躁[36]也？"孔子曰："非谓其躁也，谓其为之于此而成文于彼也。圣人组修其身而成文于天下矣。"故子华子[37]曰："丘陵成而穴者安矣，大水深渊成而鱼鳖安矣，松柏成而涂之人已荫矣。"

孔子见鲁哀公[38]，哀公曰："有语寡人曰：'为国家者，为之堂上而已矣。'寡人以为迂言也。"孔子曰："此非迂言也。丘闻之，得之于身者得之人，失之于身者失之人，不出于门户而天下治者，其惟知反于己身者乎！"

---

[1]伊尹：汤之贤臣，佐汤灭夏以成王业者也。 [2]伊尹言天下本不可取，若其可取，必其身先有为天下可取之处。 [3]啬：重视之意。大宝：谓身也。 [4]用新弃陈，吐故纳新之意。腠理：肌肤之隙。通：不闭塞也。 [5]一说因"终"，古文作"夂"，而讹为"及"。[6]《诗·曹风·鸤鸠》章语。忒：差也。正：长也。正是四国，谓可长四国。当侯伯之任也。 [7]反其道：反求诸己也。 [8]人善：谓人善之。 [9]乐备：指人善。君道：指反其道。 [10]天无为而化，君能为无而治，则民以为胜天。 [11]能行义，则可利身。 [12]勿身：务利民而勿自利也。 [13]督：正也；督

听：不倾听也。　[14]无为而不欲，故能顺性。　[15]乐乡：乐向其化也。　[16]奸塞：奸邪闭塞也。皇：同“惶”，惑也；不皇：不至惶惑也。　[17]七尺曰“仞”。　[18]本：根也。　[19]商周之国，指其季世。　[20]胸：内也。　[21]彼：外也。　[22]心：谓己身也。　[23]五帝：见《贵公》篇。　[24]三王：夏禹商汤周武王也。先教而后杀，一作“先德而后事”。　[25]事：治也。功：善也。　[26]五伯：夏昆吾，商大彭，豕韦，周齐桓，晋文也。　[27]后：君也。伯启：亦作“启”，禹之子。有扈：夏同姓诸侯，今陕西鄠县。甘泽，一作“甘”，有扈郊地。　[28]六卿：六军之将，即《周礼》之太宰、大司徒、大宗伯、大司马、大司寇、大司空，平时各任其职，战时则为军将。请复：请复战也。　[29]浅：偏浅也。　[30]张：施弦也。　[31]修：设也。　[32]饬：与“饰”通；不饬：不文饰也。　[33]《诗·邶风·简兮》章语。组：织组；执辔如组：言良御执辔，致之万里，犹织者之成文于手，动于近，成于远也。　[34]为：治也。　[35]子贡：姓端木，名赐，孔子弟子。　[36]躁：疾也。　[37]子华子：古有道之士。　[38]哀公：鲁君，名蒋。

审 己

凡物之然也，必有故，而不知其故，虽当，与不知同，其卒必困。先王、名士、达师[1]之所以过俗者，以其知也。水出于山，而走于海，水非恶山而欲海也，高下使之然也；稼生于野，而藏于仓，稼非有欲也，人皆以[2]之也。故子路掩雉而复释之[3]。子列子[4]常射中矣，请之于关尹子[5]，关尹子曰："知子之所以中乎？" 答曰："弗知也。"关尹子曰："未可[6]。"退而习之，三年又请，关尹子曰："子知子之所以中乎？"子列子曰："知之矣。"关尹子曰："可矣，守而勿失[7]！" 非独射也，国之存也，国之亡也，身之贤也，身之不肖也，亦皆有以[8]。圣人不察存亡贤不肖而察其所以也。

齐攻鲁，求岑鼎[9]。鲁君载他鼎以往。齐侯弗信而反[10]之[为非]，使人告鲁侯曰："柳下季[11]以为是，请因受之！"鲁君请于柳下季，柳下季答曰："君之赂以[欲]岑鼎也，欲以免国也，臣亦有国[12]于此，破臣之国，以免君之国，此臣之所难也。"于是鲁君乃以真岑鼎往也。且柳下季可谓此能说矣[13]，非独存己之国也，又能存鲁君之国。

齐湣王[14]亡居于卫，昼日步足，谓公玉丹[15]曰："我已亡矣，而不知其故。吾所以亡者，果何故哉？我当已[16]。"公玉丹答曰："臣以王为已知之矣，王故尚未之知邪？王之所以亡也者，以贤也，天下之王皆不肖，而恶王之贤也，因相与合兵而攻王，此王之所以亡也。"滑王慨焉太息曰："贤固若是其苦邪！"此亦不知其所以也。此公玉丹之所以过[17]也。

越王授[18]有子四人。越王之弟曰豫，欲尽杀之而为之后。恶其三人而杀之矣。国人不说，大非上。又恶其一人而欲杀之，越王未之听。其子恐必死，因国人之欲，逐豫。围王宫，越王太息曰："余不听豫之言，以罹此难也！"亦不知所以亡也。

---

[1]达师：通师也。　[2]以：用也。　[3]子路：孔子弟子，姓仲，名由。掩：袭取也。释之者，以掩取所得，虽得，不知所以取之，于己未审故也。　[4]子列子：姓列，名御寇，周末郑人，有道之士也。　[5]请：请问射之道也。关尹子：姓尹，名喜，字公度，为函谷关令，自著书曰《关尹子》。　[6]言不知射所以中者，未可与语射也。　[7]守而勿失：令守求己不求人之道而勿失也。　[8]以：所以然。　[9]岑鼎：鼎名；一作"谗鼎"，义为疾谗之鼎；一说谗通"崭"，岑谗皆言其高也。　[10]反：还也。[11]柳下季：姓展，名获，又称展禽，字季，居柳下，谥曰惠，以正直称。　[12]国：指信也。　[13]可谓此能说矣，一作"可谓守信矣"。　[14]齐滑王：即齐闵王，名地，一谓名遂。立四十年，燕合各国攻齐，兵深入，滑王遂亡。先之卫，后走邹鲁及莒，时楚将淖齿将兵救齐，相王，遂杀之。　[15]公玉：应为"公王"，古代姓氏。王，音sù，后来玉王相沿混用。又"王"为质量

不佳的玉，谓之朽玉。丹，一作“冉”。　　[16]已：止也，言我知其故，当止而不为也。　　[17]过：谓不忠也。　　[18]授：越王勾践之后。

精　通

人或谓兔丝无根，兔丝[1]非无根也，其根不属也，伏苓[2]是。慈石[3]召铁，或引之也。树相近而靡[4]，或軵[5]之也。圣人南面而立，以爱利民为心，号令未出，而天下皆延颈举踵矣，则精通乎民也。夫贼害于人，人亦然[6]。今夫攻者砥厉五兵，[侈衣美食]，发且有日矣，所被攻者，侈衣美食不乐[7]，非或闻之也，神者先告也。身在乎秦，所亲爱在于齐，死[8]而志气不安，精或往来也。德也者，万民之宰[9]也。月也者，群阴之本也。月望则蚌蛤实，群阴盈；月晦则蚌蛤虚，群阴亏。夫月形乎天，而群阴化乎渊；圣人行德乎己，而四荒咸饬乎仁[10]。

养由基射兕，中石[11]，矢乃饮羽[12]，诚[13]乎兕也。伯乐[14]学相马，所见无非马者[15]，诚乎马也。宋之庖丁[16]好解牛，所见无非[死]牛者，三年而不见[生]全牛[17]。用刀十九年，刃若新鄘研[18]，顺其理[19]，诚乎牛也。钟子期[20]夜闻击磬者而悲，使人召而问之，曰："子何击磬之悲也？"答曰："臣之父，不幸而杀人，不得生；臣之母得生，而为公家为酒[21]；臣之身得生，而为公家击磬。臣不睹臣之母三年矣。昔为舍[氏][22]市，睹臣之母，量[23]所以赎之，则无[有]财，而身[24]固公家之[财]有也，是故悲也。"钟子期叹嗟曰："悲夫！悲夫！心非臂也，臂非椎非石也[25]。悲存乎心，而木石应之。”故君子诚乎此而谕乎彼，感乎己而发乎人，岂必强说[26]乎哉！

周有申喜者，亡[27]其母，闻乞人歌于门下而悲之，动于颜色，谓门者：“内[28]乞人之歌者！”自[觉]见而问焉，曰：“何故而乞？”与之语，盖其母也。故父母之于子也，子之于父母也，一体而两分[29]，同气而异息。若草莽之有华实也，若树木之有根心也。虽异处而相通，隐志相及，痛疾相救，忧思相感，生则相欢，死则相哀，此之谓骨肉之亲。神出于忠，而应乎心，两精相得，岂待言哉！

---

[1]兔丝：又作“菟丝”，蔓草之一种。属，相连也。盖兔丝初生有根，后乃缠络于他植物上，根遂腐灭云。　[2]伏苓：又作“茯苓”，药名，菌类，生松林中，与兔丝为二物。文以伏苓为兔丝之根，非是。一说“伏苓是”三字为注，今讹入正文云。　[3]慈石：即俗称之吸铁石。　[4]靡：磨切也。　[5]軵（róng）：挤逼也。　[6]贼害未及身，而人已相率去之，故曰人亦然。　[7]侈衣美食不乐：言攻者将发，被攻者虽侈衣美食，亦忽觉不快也。[8]死：指所亲爱者。　[9]宰：主也。　[10]四荒：四表荒裔，言其远也。饬：正也。　[11]养由基：养姓，由基名，春秋时楚之善射者。兕：野牛也；一作“虎”。中石：见石而以为兕也。[12]饮羽：矢深至羽也。　[13]诚：专心一志之意。　[14]伯乐：姓孙，名阳，秦穆公之臣，伯乐本天星名，掌天马，因阳善相马，故称伯乐。　[15]所见无非马者：言其专心于马即见非马之

物亦以为马也。　　[16]庖丁：司庖厨者；一说庖人丁姓也。[17]虽见生牛，心中已知从何处支解，从何处开剥，故云“不见生牛”。　　[18]𨝟：同“磨”；解牛极纯熟，刃无挫折，故云若新𨝟研也。　　[19]理：牛之肌理。　　[20]钟子期：钟姓，子通称，期名也，春秋时楚人，号为知音者。　　[21]为酒：执酿酒之役也。[22]昔：昨日也。舍氏：宿市中传舍也。另本作“舍市”，亦通。[23]量：度也。　　[24]身：谓已也。　　[25]椎：所以击磬。石：谓磬也。盖磬以玉或石为之。　　[26]岂必强说：言不待言而后喻也。　　[27]亡：失也。　　[28]内：与“纳”同。　　[29]两分，一作“分形”。

节　丧

审知生，圣人之要也；审知死，圣人之极也。知生也者，不以害生，养生之谓也；知死也者，不以害死，安死之谓也。此二者，圣人之所独决也。凡生于天地之间，其必有死，所不免也。孝子之重其亲也，慈亲之爱其子也，痛于肌骨[1]，性也，所重所爱，死而弃之沟壑，人之情不忍为也，故有葬死之义。葬也者，藏也，慈亲孝子之所慎也。慎之者，以生人之心虑[2]；以生人之心为死者虑也。莫如无动，莫如无发。无发无动，莫如无有可利，则此之谓重闭[3]。古人之有藏于广野[4]深山而安者矣，非珠玉国宝之谓也[5]，葬不可不藏也。葬浅则狐狸抇[6]之，深则及于水泉。故凡葬，必于高陵之上，以避狐狸之患，水泉之湿，此则善矣，而忘奸邪盗贼寇乱之难，岂不惑哉[7]！譬之若瞽师之避柱也，避柱而疾触杙[8]也。[狐狸水泉]奸邪盗贼寇乱之患，此杙之大者也。慈亲孝子避之者，得葬之情矣[9]。

善棺椁，所以避蝼蚁蛇虫也。今世俗大乱之主，愈侈其葬[10]，则心非为乎死者虑也，生者以相矜尚也。侈靡者以为荣；俭节者以为陋。不以便死为故[11]，而徒以生者之诽誉为务。此非慈亲孝子之心也。父虽死，孝子之重之不怠；子虽死，慈亲之爱之不懈。夫葬所爱所重，而以生者之所甚欲[12]，其以安之也，若之何哉[13]！民之于利也，犯流矢，蹈白刃，涉血盩[14]肝以求之。野人之无闻者[15]，忍亲戚、兄弟、知交以求利。今无此之危，无此之丑[16]，其为利甚厚，乘车食肉，泽及子孙，虽圣人犹不能禁，而况于乱[17]？国弥大，家弥富，葬弥厚，含珠鳞施[18]，夫玩好货宝，钟鼎壶滥[19]，舆马衣被戈剑，不可胜[其]数。诸养生之具，无不从者。题凑之室[20]，棺椁数袭[21]，积石积炭[22]，以环其外。奸人闻之，传[23]以相告。上虽以严威重罪禁之，犹不可止[24]。且死者弥久，生者弥疏；生者弥疏，则守者弥怠；守者弥怠，而葬器如故，其势固不安矣。

世俗之行丧，载之以大輴[25]，羽旄[26]旌旗如云，偻翣以督之[27]，珠玉以备[28]之，黼黻文章以饬之[29]，引绋[30]者左右万人以行之，以军制立之[31]，然后可。以此观世[32]，则美矣侈矣；以此为死[33]，则不可也。若便于死，则虽贫国劳民[34]，若慈亲孝子者之所不辞为也。

---

[1]痛甚也。痛于肌骨，言重之爱之，较己身为尤甚也。 [2]以生人之心虑：以生人之心，代死者虑也。 [3]重闭：既闭而不复为人所动摇也。 [4]广野：犹旷野。 [5]非珠玉国宝之谓：言非视为珠玉国宝而必安之。 [6]扫：与“掘”同。 [7]谓厚葬以致奸盗之难为惑也。 [8]杙（yì）：短柱也。 [9]得葬之情：谓得所以葬之意。 [10]侈其葬：指棺中物也。 [11]故：事也。 [12]以：用也。生者之所甚欲，指以珠宝为殉也。

[13]言如何使死者安然免发掘之患也。 [14]㩅：古“抽”字。 [15]野人之无闻者：不闻礼义之鄙人。 [16]丑：耻也，言死者非其亲故，无足耻也。 [17]此句下一说当脱“国”字；一说疑有“世”字。 [18]含珠：口含珠也。鳞施：施玉于死者之体如鱼鳞也。 [19]滥（làn）：陶器名，以盛冰。 [20]木头皆内向曰“题凑”。题：头也。凑：合也。室：椁藏也。 [21]袭：重（chóng）也。 [22]积石：以其坚不可入。积炭：以其能御湿，且使树木之根不穿进也。 [23]传：一作“转”。 [24]不可止：不能止其发掘也。 [25]輴（chūn）：载柩之车。 [26]旄（máo）：古代杆头以牦牛尾为饰的旗子。 [27]偻翣（lóu shà）：棺饰也。督，察也，谓著明也。 [28]备：充足之意。 [29]黼黻文章：绘绣之文也。饬：与“饰”通。 [30]绋（fú）：引棺索。 [31]言如行军之整肃。 [32]观世：犹炫世也。 [33]死：死者。 [34]民，一作“身”。

安　死

世之为丘垄也，其高大若山，其树之若林，其设阙庭，为宫室、造宾阼也，若都邑[1]。以此观世示富，则可矣；以此为死，则不可也。夫死，其视万岁，犹一瞚也[2]。人之寿，久之不过百，中寿不过六十，以百与六十为无穷者之虑[3]，其情必不相当矣。以无穷为死者之虑，则得之矣[4]。今有人于此，为石铭，置之垄上，曰："此其中之物，具珠玉、玩好、财物、宝器甚多，不可不扣[5]，扣之必大富，世世乘车食肉。"人必相与笑之，以为大惑，世之厚葬也，有似于此。自古及今，未有不亡之国也。无不亡之国者，是无不扣之墓[6]也。以耳目所闻见，齐、荆、燕尝亡矣，宋、中山已亡矣，赵、魏、韩皆亡矣，其皆故国[7]矣。自此以上者，亡国不可胜数，是故大墓无不扣也。而世皆争为之，岂不悲哉！

君之不令民[8]，父之不孝子，兄之不悌弟，皆[乡里之所釜鬲者而逐之]。惮耕稼采薪之劳，不肯官人事[9]，而祈美衣侈食之乐，智巧穷屈[10]，无以为之，于是乎聚群多之徒，以深山广泽林薮，扑击遏夺乡里之所釜鬲者[11]而遂之，又视名丘大墓葬之厚者，求舍便居以微扣之[12]。日夜不休，必得所利，相与分之，夫有所爱所重，而令奸邪、盗贼、寇乱之人卒[13]必辱之。

此孝子、忠臣、亲父、交友之大事。尧葬于谷林[14]，通树[15]之；舜葬于纪市[16]，不变其肆[17]；禹葬于会稽[18]，不变人徒[19]，是故先王以俭节葬死也。非爱其费[20]也，非恶其劳也，以为死者虑也。先王之所恶，惟死者之辱也，发则必辱，俭则不发。故先王之葬必俭，必合，必同。何谓合，何谓同？葬于山林，则合乎山林；葬于阪隰，则同乎阪隰[21]。此之谓爱人[22]。夫爱人者众，知爱人者寡[23]。故宋未亡而东冢扫[24]，齐未亡而庄公冢扫[25]，国安宁而犹若此，又况百世之后而国已亡乎！故孝子、忠臣、亲父、交友不可不察于此也。夫爱之而反危之，其此之谓乎。《诗》曰："不敢暴虎，不敢冯河。人知其一，莫知其他。"[26]此言不知[邻]类[27]也。[故反以相非，反以相是。其所非方其所是也；其所是方其所非也。是非未定，而喜怒斗争，反为用矣。吾不非斗，不非争；而非所以斗，非所以争。故凡斗争者，是非已定之用也。今多不先定其是非，而先疾斗争，此惑之大者也。][28]

鲁季孙有丧[29]，孔子往吊之。入门而左，从客也[30]。主人以玙璠收[31]，孔子径庭[32]而趋，历级[33]而上，曰："以宝玉收，譬之犹暴骸中原也。"径庭历级，非礼也，虽然，以救过也。

---

[1]宾：宾阶，西阶也。阼：阼阶，东阶也。若都邑：若为都邑之制也。 [2]瞚：与"瞬"同。死则久久无穷，故虽万岁，以死之时期视之，犹一瞬也。 [3]人寿短，而所为常计及万古千年，

若终不死者，故曰“为无穷者之虑”。 [4]死则时期无穷，故以无穷之道为死者计则得之。 [5]扣：见《节丧》篇。 [6]国已亡矣，掘其墓又何所畏，故曰“无不扣之墓”。 [7]故国：已亡之国也。 [8]不令民：不良善之民也。 [9]官：管也。不肯官人事：谓不治家人生产事业也。 [10]穷：极也。屈：尽也。[11]甑与“鬲”同；釜、甑，皆炊器。所釜甑者，以釜甑为食之人。[12]求舍便居：言僦屋墓之附近而居之。微扣：隐掘也，如穿隧以达墓所，藏空而外不觉是。 [13]卒：终也。 [14]尧葬成阳，故城在今山东濮县东南，成阳山下有谷林。 [15]通树：通林以为树也。 [16]纪：即“冀”；纪市：冀之市，在今山西。[17]不变其肆：市肆无变迁，言不烦民也。 [18]会稽：山名，在今浙江绍兴东南，禹墓在山麓。 [19]变：动也。不变人徒，言无所兴造，民不扰也。 [20]爱其费：吝其财也。 [21]阪：与“坂”同，山坡也。隰（xí）：低下之地。合山林，同阪隰，言不特加封识也。 [22]人：谓死人也。 [23]知爱人者寡：言不能俭葬，致死者不安，虽爱之，少有知爱之之道也。 [24]东冢：宋文公之冢也。冢在城东，故名，文公厚葬，冢被盗发。 [25]庄公：名购，一作赎，僖公之父，亦厚葬而冢被发者。 [26]《诗·小雅·小旻》章语。无兵搏虎曰暴虎。无舟渡河曰冯河。一，非也，谓知小人之为非。他，指不畏慎小人之危殆。以喻虑不及远，近而易见者则知避之，丧家亡国之隐祸，则不知忧也。 [27]不知类：言不知推类而及也。 [28]“故反以相非”段，一说为《审分览不二》篇之文，误脱于此，今从删。 [29]季孙：季桓子斯也。丧：桓子父季平子意如之丧也。 [30]左从客：左行从客位也，时桓子在丧位，故孔子入门而左行。　　[31]玙璠（fán）：宝玉名，鲁君所佩。收：敛也，鲁昭公为平子所逐，出亡于外，平子佩玙璠摄行君事，故死而丧主欲以为敛也。　　[32]径庭：向庭直行也。　　[33]历级：越级也。

异 宝

古之人非无宝也，其所宝者异也。孙叔敖[1]疾，将死，戒其子曰："王数封我矣，吾不受也。[为]我死，王则封汝，必无受利地[2]。楚越之间，有寝[之]丘者，此其地不利，而名甚恶[3]。荆人畏鬼，而越人信禨[4]。可长有者，其唯此也。"孙叔敖死，王果以美地封其子，而子辞，请寝[之]丘，故至今不失。孙叔敖之知，知不以利为利矣；知以人之所恶，为己之所喜，此有道者之所以异乎俗也。

五员[5]亡，荆[6]急求之。登太行[7]而望郑曰："盖是国也，地险而民多知，其主俗主也，不足与[举]。"去郑而之许，见许公而问所之，许公不应，东南向而唾[8]。五员载[9]拜受赐曰："知所之矣。"因如吴。过于荆，至江上，欲涉，见一丈人[10]，刺[11]小船，方将渔，从而请焉。丈人度之绝[12]江，问其名族[13]，则不肯告。解其剑以予丈人，曰："此千金之剑也，愿献之丈人！"丈人不肯受，曰："荆国之法：得五员者，爵执圭[14]，禄万担[15]，金千镒[16]。昔者子胥过，吾犹不取，今我何以子之千金剑为乎[17]！"五员[过]适于吴，使人求之江上，则不能得也，每食，必祭之，祝曰："江上之丈人！"天地至大矣，至众矣，将奚不有为也？而无以为[18]。为矣，而无以为之[19]。名不可得而闻，身不可得而见，其惟江上之丈人乎！

宋之野人，耕而得玉，献之司城子罕[20]，子罕不受，野人请曰："此野人之宝也，愿相国为之，赐而受之也！"子罕曰："子以玉为宝，我以不受为宝。"故宋国之长者曰："子罕非无宝也，所宝者异也。"今以百金与抟黍以示儿子[21]，儿子必取抟黍矣；以和氏之璧[22]与百金以示鄙人，鄙人必取百金矣；以和氏之璧、道德之至言以示贤者，贤者必取至言矣。其知弥精，其所取弥精；其知弥觕[23]，其所取弥觕。

---

[1]孙叔敖：楚贤相，相庄王。 [2]利地：人所贪利之地。 [3]地名寝丘，故曰恶。 [4]禨：祥也。 [5]五员：即伍员，"五"与"伍"通，字子胥，父名奢，楚平王信谗而杀之，并其兄尚，员奔吴，佐吴王阖庐，兴师伐楚，楚几亡。 [6]楚之国名始曰"荆"。 [7]太行：山名，连亘今河南、山西、河北诸界内。 [8]吴在许东南，东南向而唾，欲令往吴也。 [9]载：与"再"通。 [10]丈人：长老之称。 [11]刺：撑也。 [12]绝：过也。 [13]族：氏族。 [14]《周礼》，侯执信（读如身，以人形为饰）圭；执圭，言爵之为侯也。 [15]万擔：万石也。 [16]二十两为一镒。 [17]丈人明知为子胥，故作此言以拒之也。 [18]将奚不有为也，而无以为：言人皆有为，彼独无为也。 [19]为矣，而无以为之：言虽有为而仍无为也。 [20]司城：官名，即司空，宋武公名司城，故避改。子罕，乐喜也，宋贤大夫。 [21]抟黍：黍之抟成圆形者。儿子：小儿也。 [22]楚有卞和，得

璞玉献之楚厉王，玉人相之曰："石也。"王以和为诳，刖其左足。武王立，复献之，玉人又曰："石也。"王又刖其右足。文王即位，和抱璞而哭于山下，三日三夜，泪尽，继之以血。王乃使人理之，果得宝玉，因名曰和氏之璧。　　[23]觕（cū）：粗疏也。

异用

万物不[1]同，而用之于人异也。此治乱、存亡、死生之原。故国广巨，兵强富，未必安也；尊贵高大，未必显也，在于用之。桀纣用其材而以成其亡，汤武用其材而以成其王。

汤见祝网者置[2]四面，其祝曰："从天坠者，从地出者，从四方来者，皆离吾网！"汤曰："嘻！尽之矣！非桀其孰为此也？"汤收[3]其三面，置其一面，更教祝曰："昔蛛蝥作网罟[4]，今之人学纾[5]，欲左者左，欲右者右，欲高者高，欲下者下，吾取其犯命者。"汉南[6]之国闻之曰："汤之德及禽兽矣。"四十国归之。人置四面，未必得鸟，汤去其三面，置其一面，以网其四十国，非徒网鸟也。

周文王使人扫[7]池，得死人之骸。吏以闻于文王，文王曰："更葬之！"吏曰："此无主矣。"文王曰："有天下者，天下之主也，有一国者，一国之主也，今我非其主也[8]？"遂令吏以衣棺更葬之。天下闻之曰："文王贤矣，泽及髊骨[9]，又况于人乎！"或得宝以危其国，文王得朽骨以喻其意，故圣人于物也，无不材[10]。

孔子之弟子[11]从远方来者，孔子荷[12]杖而问之曰："子之公不有恙乎[13]？"搏[14]杖而揖之，问曰："子之父母不有恙乎？”置杖而问曰：“子之兄弟不有恙乎？”杙步而倍之[15]，问曰：“子之妻子不有恙乎？”故孔子以六尺之杖，谕贵贱之等，辨疏亲之义，又况于以尊位厚禄乎。

古之人贵能射也，以长幼养老[16]也，今之人贵能射也，以攻战侵夺也。其细者，以劫弱暴寡也，以遏夺为务也。仁人之得饴[17]，以养疾侍老也。跖[18]与企足[19]得饴，以开闭取楗[20]也。

---

[1]一说据通篇文义，“不”字当衍。 [2]置：设也。 [3]收，一作“放”；一作“拔”。 [4]蛛蝥（máo）：蜘蛛也。罟（gǔ）：亦网也。 [5]纾：一说疑与“杼”通，音 zhū，织具也。 [6]汉南：汉水之南。 [7]扣，见《节丧》篇。 [8]也：与“邪”通。 [9]髊（cī）：有肉之骨曰髊骨。 [10]无不材：无不视为可用也。 [11]弟子：一谓子贡。 [12]荷：以肩承之也。 [13]公：祖也。不有恙：犹无恙。 [14]搏（fú）：与“扶”声相近，义亦通。 [15]杙（yì）：短步，行不及步也；一作“杖步”，谓拄杖一行。倍：同“背”，身在杖前也。 [16]谓古人练习射之技艺，是为获取猎物，以奉养老幼。故曰长幼养老。旧解谓以行射，观察道义德行，显见牵强。 [17]饴：糖之清者。[18]跖：盗跖，春秋时鲁展禽（见《审己》篇）之弟，日杀不辜，聚党数千人，横行天下；一说跖为黄帝时大盗之名，以展禽弟为天下大盗，故谓之盗跖云。 [19]企足：庄跻也，楚庄王弟为盗者；一说庄王之裔，在威王时为将军，将兵略巴蜀黔中以西，至于滇

池，欲归报，会秦击夺楚黔中郡，道塞不通，因还，以其众至滇，汉时始通中国。　　[20]楗（jiàn）：户钥也。以饴黏楗，则滑易无声，开闭易取也。

当　务

辨而不当论，信而不当理，勇而不当义，法而不当务，惑而乘骥也，狂而操吴干将[1]也。大乱天下者，必此四者也。所贵辨者，为其由所论也；所贵信者，为其遵所理也；所贵勇者，为其行义也；所贵法者，为其当务也。

跖之徒[2]问于跖曰："盗有道乎？"跖曰："奚啻其有道也？夫妄意关内[3]，[中藏]圣也；入先，勇也；出后，义也；知时[4]，智也；分均，仁也；不通此五者，而能成大盗者，天下无有。"备说非六王、五伯[5]，以为尧有不慈之名[6]，舜有不孝之行[7]，禹有淫湎之意[8]，汤武有放杀之事[9]，五伯有暴乱之谋[10]。世皆誉之，人皆讳[11]之，惑也。故死而操金椎以葬，曰："下见六王、五伯，将敲[12]其头矣！"辨若此，不如无辨。

楚有直躬[13]者，其父窃羊，而谒之上[14]。上执而将诛之，直躬者请代之。将诛矣，告吏曰："父窃羊而谒之，不亦信乎！父诛而代之，不亦孝乎！信且孝而诛之，国将有不诛者乎[15]！"荆王闻之，乃不诛也。孔子闻之曰："异哉！直躬之为信也！一父而载[16]取名焉。"故直躬之信，不若无信。

齐之好勇者，其一人居东郭，其一人居西郭，卒[17]然相遇于涂，曰："姑相饮乎？"觞数行，曰："姑求肉乎？"一人曰："子，肉也，我，肉也；尚胡革[18]求肉而为？"于是具染[19]而已，因抽刀而相啖，至死而止。勇若此，不若无勇。

纣之同母三人，其长曰微子启[20]，其次曰中衍[21]，其次曰受德[22]。受德乃纣也，甚少矣。纣母之生微子启与中衍也，尚为妾，已而为妻而生纣。纣之父、纣之母欲置[23]微子启以为太子。太史据法而争之曰："有妻之子，[而]不可而置[24]妾之子！"纣故为后。用法若此，不若无法。

---

[1]吴人有干将者，作剑，其妻莫邪断发剪爪，自投炉中，金铁乃濡，遂成二剑，因名雄曰干将，雌曰莫邪。　[2]跖：盗跖，见《异用》篇。徒，跖之弟子也。　[3]妄意关内：猜度人家室中财物而多中者。　[4]知时：谓预知如何可盗如何不可盗也。　[5]备说非：备言以诽议之也。六王：尧、舜、禹、汤、文、武也。五伯：见《贵公》篇。　[6]尧不传天下于子丹朱而禅舜，故曰"有不慈之名"。　[7]尧妻舜二女，舜不告父母而娶，故曰"有不孝之行"。[8]淫湎：沉于酒也。禹甘旨酒而饮之，故曰"有淫湎之意"。[9]汤放桀，武王杀纣，皆以臣叛君，故曰"有放杀之事"。　[10]五伯争国，骨肉相残，以大兼小，故曰"有暴乱之谋"。　[11]讳：谓隐其过恶也。　[12]敲：击头也。　[13]直躬：以直道律身之人。　[14]谒：告也。上：君也。　[15]言信孝之人且被诛，国中尚有不诛者乎。　[16]载：见《异宝》篇。　[17]卒：同"猝"；卒然：仓猝间也。　[18]革：更也。　[19]染：豉酱也。[20]微子启：微，国号；子，爵；启，名。又以避汉景帝讳作

“关”，盖景帝亦名启也。生时，其母未正为妃，故虽与纣同母而为庶。一说与纣异母，为纣庶兄，同母之说不足据。 [21]中衍：字仲思，名衍，又称微仲；一说微仲衍为微子之次子，嗣微子立为宋公；又一说疑有两微仲，一弟一子也。 [22]一说受德，犹言纣之德，受为名，德实非名云。 [23]置：立也。 [24]不可而：犹不可以。

诚 廉

石可破也，而不可夺坚；丹可磨也[1]，而不可夺赤。坚与赤，性之有也，性也者，所受于天也，非择取而为之也。豪士之自好者，其不可漫[2]以污也，亦犹此也。

昔周之将兴也，有士二人，处于孤竹[3]，曰伯夷、叔齐[4]。二人相谓曰："吾闻西方有偏伯[5]焉，似将有道者，今吾奚为处乎此哉！"二子西行如周。至于岐阳[6]，则文王已殁矣，武王即位。观周德，则王使叔旦就胶鬲于次四内[7]，而与之盟曰："加富三等[8]，就官一列[9]。"为三书同辞，血之以牲，埋一于四内，皆以一归；又使保召公就微子开于共头之下[10]，而与之盟曰："世为长侯[11]，守殷常祀，相奉桑林[12]，宜私孟诸[13]。"为三书同辞，血之以牲，埋一于共头之下，皆以一归[14]。伯夷、叔齐闻之，相视而笑曰："嘻！异乎哉！此非吾所谓道也。昔者神农氏[15]之有天下也，时祀[16]尽敬而不祈福也。其于人也，忠信尽治而无求[17]焉。乐[18]正与为正，乐治与为治，不以人之坏自成也，不以人之庳[19]自高也。今周见殷之僻乱也，而遽为之正与治，上谋而行货[20]，阻[21][丘]兵而保[22]威也。割牲而盟以为信，因四内与共头以明行[23]；扬梦以说众[24]；杀伐以要利，以此绍[25]殷，是以乱易暴也。吾闻古之士遭乎治世，不避其任[26]，遭乎乱世，不为苟在[27]，今天下暗，周德衰矣。与其并[28]乎周以漫[29]吾身也，不若避之以洁吾行。”二子北行至首阳之下而饿焉[30]。人之情，莫不有重，莫不有轻。有所重，则欲全之；有所轻，则以养所重。伯夷、叔齐此二士者，皆出身弃生[31]以立其意，轻重[32]先定也。

---

[1]丹：丹砂也。磨：犹化也。　[2]漫：与“墁”同，涂也。　[3]孤竹：殷时诸侯国，姓墨胎，在辽西。　[4]伯夷：字公信，孤竹君长子。叔齐：字公允，孤竹君少子。孤竹君爱叔齐，遗命立之，叔齐让伯夷，伯夷不受而逃；叔齐亦不立，相从而去，国人立其仲子。　[5]偏伯：偏于一方之霸者。　[6]岐阳：地名，谓岐山之阳，即陕西岐山。　[7]叔旦：周公旦，武王之弟也。胶鬲：商之贤臣。次：旅次，四内之次也。四内：地名。　[8]三等：三等之封土，即公侯地方百里，伯七十里，子男五十里也。　[9]一列：同于公、侯、伯、子、男五等之列爵也。　[10]保：太保也。召公：名奭，周之支族，故亦姬姓，食邑于召，故谓之召公，封国于燕。微子开，见《当务》篇。共，读如“恭”；共头，即共首，山名也。　[11]世为长侯：世为诸侯之长也。　[12]相：使也。桑林：汤乐舞名。　[13]私：私邑。孟诸：泽名，在河南商丘东北，昔属于宋。　[14]胶鬲、微子：皆为贤人，不当有私与周盟之事，文未足据。　[15]神农氏：上古帝号。　[16]时祀：四时祭祀也。　[17]无求：无求于人也。　[18]乐：读如“洛”。　[19]庳（bēi）：下也。　[20]上：尚也。上谋：谓尚诈谋。行货：

行贿，谓与人私盟事。 [21]阻：恃也。 [22]保：亦恃也。 [23]明行：以明将有翦商之举也。 [24]文王妃太姒梦见商庭产棘，武王发取周庭之梓，树于阙间，化为松柏棫柞，寤而以告文王，文王曰："召发于明堂，拜吉梦，受商之大命于皇天上帝。"说众：告之国中人民也。 [25]绍：续也。 [26]任：职也。不避其任，言职之所在，虽难钜而不辞也。 [27]苟在：恋位之意；一说"在"疑"仕"之误。 [28]并，一说疑"立"之误。 [29]漫：污也。 [30]首阳：山名，在山西永济南，伯夷叔齐饿死于此。 [31]出身：谓轻身去国。弃生：谓饿死首阳。 [32]轻：轻身。重：重名。

八览选目

谨　听

昔者禹一沐而三捉发，一食而三起，以礼有道之士[1]，通[2]乎己之不足也。通乎己之不足，则不与物争矣。愉易平静以待之，使夫自得之[3]，因然而然之，使夫自言之[4]。亡国之主反此，乃自贤而少人，少人则说者持容而不极[5]，听者自多而不得，虽有天下，何益焉？是乃冥之昭，乱之定，毁之成，危之宁[6]。故殷、周以亡，比干以死[7]，悖而不足以举[8]。故人主之性，莫过[9]乎所疑，而过于其所不疑[10]；不过乎所不知，而过于其所以知[11]。故虽不疑，虽已知，必察之以法，揆之以量[12]，验之以数[13]，若此，则是非无所失，而举措无所过矣。夫尧恶得贤天下而试舜[14]？舜恶得贤天下而试禹？断之于耳而已矣。耳之可以断也，反性命之情[15]也。今夫惑者，非知反性命之情，其次非知观于五帝、三王之所以成也[16]，则奚自知其世之不可也？奚自知其身之不逮[17]也？太上知之，其次知其不知。不知则问，不能则学。《周箴》[18]曰：“夫自念斯，学德未暮[19]。”学贤问[20]，三代之所以昌也；不知而自以为知，百祸之宗也。

名不徒立，功不自成，国不虚存，必有贤者。贤者之道，牟[21]而难知，妙而难见。故见贤者而不耸[22]，则不惕[23]于心，不惕于心，则知之不深。不深知贤者之所言，不祥莫大焉。主贤世治，则贤者在上；主不肖，世乱，则贤者在下。今周室既灭，而天子已绝[24]，乱莫大于无天子，无天子，则强者胜弱，众者暴寡，以兵相残，不得休息，今之世当之矣。故当今之世，求有道之士，则于四海之内[25]，山谷之中，僻远幽闲之所，若此，则幸于得之矣。得之，则何欲而不得？何为而不成？太公钓于[滋]兹泉，遭纣之世也，故文王得之而王[26]。文王，千乘也；纣，天子也。天子失之，而千乘得之，知之与不知也。诸众齐民[27]，不待知而使，不待礼而令。若夫有道之士，必礼必知，然后其智能可尽。解在乎胜书之说周公[28]，可谓能听矣，齐桓公之见小臣稷，魏文侯之见[田子方]段干木也[29]，皆可谓能礼士矣。

---

[1]一沐三捉发，一食三起而待士，或以为周公之事；一说此形容语，本无其事云。　[2]通："痛"之借字，疾也。　[3]愉：和也。易：坦率也。夫：指有道之士，下同。自得：谓使从容考虑以得之，不事逼迫，致所谋有失也。　[4]因然而然：因其以为然而然之也。自言：得尽其所欲言也。　[5]持：守也。容：量也。极：尽也，尽其言也。　[6]以冥为昭，以乱为定，以毁为成，以危为宁也。　[7]比干：纣诸父，直言谏纣，纣怒，杀而剖视其心。　[8]悖：逆也，言殷周不当亡，比干不当死也。不足以举：

犹不可胜举也。　[9]莫：不也。过：失也。　[10]不疑：信之深也。　[11]知：自以为知也。　[12]量：度量。　[13]数：术数。　[14]贤天下：贤于天下也。试：用也。　[15]反性命之情：反诸与物无争之本性也。　[16]五帝：见《贵公》篇。三王：见《先己》篇。成：成其治也。　[17]逮：及也。　[18]《周箴》：周代之箴言。　[19]夫：苟也。自念：犹自讼。暮：晚也。[20]学贤问：学于贤人而好问也。　[21]牟：大也。　[22]耸：敬也。　[23]惕：惧也。　[24]秦灭西周，凡三十六年而始皇始为帝，文谓西周亡始皇未帝时也。　[25]内：一作“上”。[26]太公：姓姜，名尚，其先封于吕，子孙从其封姓，故又称吕尚，年老穷困，钓于滋泉（水名，出今陕西宝鸡东南之磻磎中，今人谓之凡谷）。文王出猎，遇之，与语，大悦，曰：“吾先君太公曰：‘当有圣人适周，周以兴。’子真是耶？吾太公望子久矣！”因号其太公望，载与俱归，立为师。　[27]众非一，故曰诸众。齐民：凡民也。　[28]胜书说周公：见后《精谕》篇。　[29]齐桓公欲见小臣稷，一日三往而不得见，从者止公，公不听，卒见之而止。魏文侯：战国时诸侯，名斯。段干木，段干姓，木名，魏人，守道不仕。文侯见木，立倦而不敢息，反见翟璜，踞而与言，璜不悦，文侯曰：“段干木官之则不肯，禄之则不受，今汝欲官则相位，欲禄则上卿，既受吾实，无责吾礼，不亦难乎！”

首　时[1]

圣人之于事，似缓而急，似迟而速，以待时。王季历困而死，文王苦之[2]，有不忘羑里之丑[3]，时未可也[4]。武王事[5]之，夙夜不懈，亦不忘玉门之辱[6]，立十二年而成甲子之事[7]。时固不易得。太公望，东夷之士也[8]，欲定一世而无其主。闻文王贤，故钓于渭以观之[9]。伍子胥欲见吴王而不得[10]，客有言之于王子光[11]者，见之而恶其貌，不听其说而辞之。客请之王子光，王子光曰："其貌适[12]吾所甚恶也。"客以闻伍子胥，伍子胥曰："此易故[13]也。愿令王子居于堂上，重帷而见其衣若手[14]，请因说之！"王子许[15]。伍子胥说之半，王子光举帷搏其手[16]而与之坐。说毕，王子光大说。伍子胥以为有吴国者，必王子光也，退而耕于野。七年，王子光代吴王僚为王[17]。任子胥，子胥乃修法制，下贤良，选练士，习战斗。六年，然后大胜楚于柏举[18]。九战九胜，追北[19]千里。昭王出奔随[20]，遂有郢[21]。亲射王宫，鞭荆平之坟三百[22]。乡之耕，非忘其父之仇也，待时也。

墨者有田鸠[23]，欲见秦惠王[24]，留秦三年而弗得见。客有言之于楚王者，往见楚王。楚王说之，与将军之节以如秦。至，因见惠王。告人曰："之秦之道，乃之楚乎！"固有近之而远、远之而近者[25]，时亦然。有汤武之贤，而无桀纣之时，不成；有桀纣之时，而无汤武之贤，亦不成。圣[26]人之见时，若步之与影不可离。故有道之士未遇时，隐匿分窜，勤以待时。时至，有从布衣而为天子者[27]，有从千乘而得天下者[28]，有从卑贱而佐三王者[29]，有从匹夫而报万乘者[30]，故圣人之所贵唯时也。

水冻方固，后稷[31]不种，后稷之种必待春。故人虽智，而不遇时，无功。方叶之茂美，终日采之而不知，秋霜既下，众林皆羸[32]。事之难易，不在小大，务在知时。郑子阳之难，猘狗溃之[33]，齐高国之难，失牛溃之[34]，众因之以杀子阳、高国。当其时，狗牛犹可以为人唱，而况乎以人为唱乎！饥马盈厩，嗼然[35]未见刍也，饥狗盈窖[36]，嗼然未见骨也，见骨与刍，动不可禁。乱世之民，嗼然未见贤者也，见贤人，则往不可止。往者，非其形，心之谓乎。齐以东帝困于天下，而鲁取徐州[37]，邯郸以寿陵困于万民，而卫取茧氏[38]，以鲁卫之细，而皆得志于大国，遇其时也。故贤主秀士之欲忧黔首[39]者，乱世当之矣。天不再与，时不久留，能不两工，事在当之。

---

[1]首时，一作“胥时”。　[2]王季历：文王之父，勤劳国事而殁，未见尊显，故文王哀思而苦痛之。　[3]有：与“又”通。羑（yǒu）里：古地名，今河南汤阴有牖城，或谓即其地，纣忌文王，囚之于此。丑：见《节丧》篇。　[4]时未可：谓其时纣尚未可伐也。　[5]事：事纣也。　[6]玉门：以玉饰门。文王自羑里

释归，作玉门，示不与纣异，武王以为辱。 [7]武王嗣位十二年，于甲子之日，与纣战于牧野，纣兵溃自焚而商亡。 [8]太公望：见《谨听》篇。太公，东海上人，故曰东夷之士。 [9]太公钓于滋泉见《谨听》篇。泉水北流十二里注于渭，故曰钓于渭，渭水源出甘肃，流入陕西境，合诸水东至潼关入黄河。观：观文王之德也。 [10]伍子胥亡楚至吴，见《异宝》篇。时吴王寿梦三子夷昧子僚（一说，寿梦庶子。）在位，子胥欲见之，不得；一说子胥见僚，说以伐楚，王子光欲袭僚而已为王，从旁阻之，子胥知其有异志，乃改事光焉。 [11]王子光：王子，名光也，吴王寿梦长子诸樊子；一说夷昧子。 [12]适：犹“是”也。 [13]故：事也。 [14]王子光之衣若手也。 [15]许：许诺也。 [16]搏其手：索持子胥之手也。 [17]是为吴王阖闾。 [18]柏举：楚南鄙邑，今湖北麻城东北有柏子山，县东有举水。柏举之名，盖合山水而得之。吴败楚柏举，事在鲁定公四年。 [19]败走曰“北”。 [20]昭王：楚平王子，名珍，时平王已死，昭王在位。随：国名，姬姓，今湖北随州市。 [21]郢：楚都，故城在今湖北江陵东北三里，平王所居；又有一郢，则为今江陵北十里之纪南城，楚文王所都也。 [22]平王名弃疾，后改名熊居，曾杀子胥父兄（见《异宝》篇注），故子胥借吴师伐楚以报仇，及至楚，平王已死，遂射其宫而鞭其尸。 [23]墨者：学墨翟之术者，其术以兼爱尚同为主。田鸠：齐人。 [24]秦惠王：名驷，孝公子。 [25]欲见秦王，留秦三年而不得见，近之而远也。从楚来至，即得见，远之而近也。 [26]圣：一说疑衍文，谓吕意泛言人云。 [27]如舜。 [28]如汤武。 [29]如太公、伊尹、傅说等。三王：三代之王者。　[30]或谓指豫让为智伯报赵襄子事，似未当。　[31]后稷：本官名，为农官，周始祖弃，在尧舜时掌农事，因称弃为后稷。　[32]羸：叶黄尽也。叶方茂美，虽终日采之，而不觉其少，以其正在生长，采得其时也，霜下叶尽，虽欲采而不得，非其时也。　[33]子阳：战国时郑相，驷氏之后；一说郑君。猘（zhì）狗：狂狗也。溃：败也。子阳为政刚猛，罚无赦，有过而折弓者，畏诛，因猘狗之惊而杀子阳。　[34]高：高张；国：国夏，皆齐大夫。失："佚"之借字；失牛：奔佚之牛也。高国受景公遗命，共立其少子荼，大夫田乞作乱，以兵攻杀高张，国夏奔莒，文言因失牛而败，事未详。　[35]嘆（mò）然：静貌。　[36]窖，一作"宫"。　[37]齐湣王三十六年为东帝，秦昭王为西帝，后皆去之。困于天下：言天下皆不顺从也。徐州：古九州之一，在周时，今山东、安徽、江苏皆有地属之，三国魏徙治彭城，其后遂以此为徐州。鲁所略取，殆古徐州之一部分。鲁以齐帝被困而取徐州，事未详。　[38]邯郸：谓赵也，赵都于此。寿陵：一说魏邑，赵兼有之，万民不附，故被困，然寿陵未详何地，按赵肃侯十五年，曾起寿陵。是寿陵乃陵寝之名，疑赵以起陵寝扰民，故民不附也。茧氏：地名。卫乘赵困取茧氏，事未详。　[39]黔首：谓民也，以其首黑，故称之；一说民以黑巾覆首，故谓之黔首。

权　勋

利不可两，忠不可兼。不去小利，则大利不得；不去小忠，则大忠不至。故小利，大利之残[1]也；小忠，大忠之贼也。圣人去小取大。

昔荆龚王与晋厉公战于鄢陵[2]，荆师败，龚王伤[3]。临战，司马子反[4]渴而求饮，竖阳谷操黍酒而进之[5]，子反叱曰："訾[6]！退！酒也。"竖阳谷对曰："非酒也。"子反曰："亟退[却]酒也！"竖阳谷又曰："非酒也。"子反受而饮之。子反之为人也，嗜酒，甘而不能绝于口，以醉。战既罢，龚王欲复战而谋[7]，使召司马子反，子反辞以心疾。龚王驾而往视之，入幄[8]中，闻酒臭而还，曰："今日之战，不谷[9]亲伤，所恃者司马也，而司马又若此，是忘荆国之社稷，而不恤吾众也，不谷无与[10]复战矣！"于是罢师去之，斩司马子反以为戮。故竖阳谷之进酒也，非以醉[11]子反也，其心以忠也，而适足以杀之，故曰：小忠，大忠之贼也。

昔者晋献公使荀息假道于虞以伐虢[12]，荀息曰："请以垂棘之璧与屈产之乘[13]以赂虞公，而求假道焉，必可得也。"献公曰："夫垂棘之璧，吾先君之宝也；屈产之乘，寡人之骏也。若受吾币而不吾假道，将奈何？"荀息曰："不然，彼若不吾假道，必不吾受也。若受我而假我道，是犹取之内府而藏之外府也[14]，犹取之内皁[15]而著之外皁也，君奚患焉！”献公许之。乃使荀息以屈产之乘为庭实[16]，而加以垂棘之璧，以假道于虞而伐虢。虞公滥[17]于宝与马而欲许之，宫之奇[18]谏曰：“不可许也，虞之与虢也，若车之有辅也[19]，车依辅，辅亦依车，虞虢之势是也。先人有言曰：‘唇竭[20]而齿寒。’夫虢之不亡也，恃虞，虞之不亡也，亦恃虢也。若假之道，则虢朝亡而虞夕从之矣，奈何其假之道也！”虞公弗听而假之道。荀息伐虢，克之，还反伐虞，又克之。荀息操璧牵马而报，献公喜曰：“璧则犹是也，马齿亦薄长矣！”故曰：小利，大利之残也。

中山之国有厹繇者[21]，智伯欲攻之而无道也[22]。为铸大钟，方车二轨[23]以遗之。厹繇之君，将[斩]鑿岸堙溪[24]以迎钟。赤章蔓枝[25]谏曰：“《诗》云：‘唯则定国[26]。’我胡以得是于智伯！夫智伯之为人也，贪而无信，必欲攻我而无道也，故为大钟，方车二轨以遗君，君因[斩]鑿岸堙溪以迎钟，师必随之。”弗听，有[27][顷]谏之。君曰：“大国为欢，而子逆之，不祥，子释之[28]！”赤章蔓枝曰：“为人臣不忠贞，罪也，忠贞不用，远身可也。”断毂[29]而行，至卫七日[30]而厹繇亡。欲钟之心胜也。欲钟之心胜，则安厹繇之说塞[31]矣。凡听说所胜不可不审也，故太上先[32]胜。

昌国君将五国之兵以攻齐[33]，齐使触子将以迎天下之兵于济上[34]。齐王欲战，使人赴触子[35]，耻而訾之[36]曰：“不战，必刬若类！掘若垄[37]！”触子苦之，欲齐军之败。于是以天下兵战，战合，击金而却之[38]。卒北[39]，天下兵乘之，触子因以一乘去，莫知其所，不闻其声。达子又帅其余卒，以军于秦周[40]，无以赏，使人请金于齐王。齐王怒曰：“若残竖子之类[41]，恶能给若金！”与燕人战，大败，达子死。齐王走莒。燕人逐北入国，相与争金于美唐[42]，甚多。此贪于小利以失大利者也。

---

[1]残：害也。　[2]荆龚王：楚共王也，名审，庄王之子。晋厉公：名寿曼。鄢陵：春秋时郑地，今许昌属县。　[3]战时，晋大夫吕锜射共王中目，故伤。　[4]司马：官名，掌军旅之事。子反：楚之王族，名侧。　[5]竖：童仆之称。阳谷，一作“谷阳”，竖名也。黍酒：酒之酿黍而成者。　[6]訾：与“呰（zǐ）”同，苛也。苛，与“呵”同。　[7]谋：欲谋于人也。　[8]幄：帐也。　[9]诸侯自称曰“不谷”。　[10]与：以也。　[11]醉，一作“雠”；又作“祸”。　[12]晋献公：名诡诸，文公之父也。荀息：晋大夫。虞：国名，今山西平陆之虞城，周武王所以封太王子仲雍之后，又称西虞。虢：国名，王季历子虢仲之后，在今山西平陆。　[13]垂棘：本古地名，以其产美璧，遂以为璧名。屈产之乘：屈邑所产之良马；一以屈产为地名。　[14]内府：府库之在内者，所以藏货贿也。外府：对内府而言。　[15]皁（zào）：马的食槽或马栏。　[16]以贡献之物陈列于庭为庭实也。　[17]滥：贪之意。　[18]宫之奇：宫姓，之奇名，虞大夫，以谏不听，尽族

去虞。[19]车：牙也，辅，颊也，喻其近而相附也。[20]竭：亡也；一说字或作“揭”，揭，反也，“竭”疑“揭”之讹。[21]中山：今河北定县地。厹繇（qiú yóu）：国近于晋；一作“仇由”；又作“厹由”或“仇犹”。[22]智伯：晋大夫荀瑶也。道：由也。[23]车两轮间相距之度曰轨。方车二轨：两车相并而行也。[24]錾（zàn）：小凿也。堙（yīn）：塞也。[25]赤章蔓枝：赤章姓，蔓枝名，厹繇之臣也。[26]逸诗语。言身有则者乃能定国也。[27]有：见《首时》篇。[28]释之：置之也。[29]毂：车轮中心之圆木。山中道狭，故断毂而去也。[30]至卫七日，一作“九日”；又作“至齐七月”。[31]塞：不行也。[32]先：上也。[33]燕昭王礼贤下士，得乐毅，以为亚卿，旋拜上将军，以克齐功，封昌国，号为昌国君，今山东淄川县有昌国故城，即乐毅封地也。五国：秦、楚、韩、魏、赵也。[34]触子：齐将；一作“向子”。济上：济水之上也。[35]齐王：齐闵王也。赴触子：至触子处也。[36]耻而訾之：毁辱之也。[37]刬（chǎn）：削灭也。若：汝也。垄：冢也。言不战则削灭汝种类，掘汝先人之冢也。[38]战法，闻金则退，击金而却之，击金使退也。[39]卒北：兵败走也。[40]帅：通“率”。秦周：齐城门名。[41]犹言汝残余竖子之类。[42]美唐：齐闵王藏金之地。

贵　因

三代所宝莫如因，因则无敌。禹通三江、五湖[1]，决伊阙[2]，沟回陆[3]，注之东海，因水之力也；舜一徙成邑，再徙成都，三徙成国[4]；而尧授之禅位，因人之心也。汤武以千乘制夏商，因民之欲也。如秦者立而至，有车也[5]；适越者坐而至，有舟也。秦、越，远涂也，竫[6]立安坐而至者，因其械也。

武王使人候[7]殷，反报岐周[8]曰："殷其乱矣。"武王曰："其乱焉至[9]？"对曰："谗慝胜良[10]。"武王曰："尚未也。"又复往，反报曰："其乱加矣。"武王曰："焉至？"对曰："贤者出走矣[11]。"武王曰："尚未也。"又往，反报曰："其乱甚矣。"武王曰："焉至？"对曰："百姓不敢诽怨矣[12]。"武王曰："嘻！"遽告太公，太公对曰："谗慝胜良，命曰戮；贤者出走，命曰崩；百姓不敢诽怨，命曰刑胜，其乱至矣，不可以驾[13]矣！"故选车三百，虎贲[14]三千，[朝]要期甲子之期而纣为禽[15]。则武王固知其无与为敌也，因其所用[16]，何敌之有矣！

武王至鲔水[17]，殷使胶鬲[18]候周师，武王见之，胶鬲曰："西伯[19]将何之？无欺我也！"武王曰："不子欺，将之殷也。"胶鬲曰："朅至[20]？"武王曰："将以甲子至殷郊，子以是报矣！”胶鬲行，天雨，日夜不休，武王疾行不辍，军师皆谏曰：“卒病，请休之！”武王曰：“吾已令胶鬲以甲子之期报其主矣，今甲子不至，是令胶鬲不信也，胶鬲不信也其主必杀之，吾疾行以救胶鬲之死也。”武王果以甲子至殷郊，殷已先陈矣。至，殷因战，大克之。此武王之义也。人为人之所欲，已为人之所恶[21]，先陈何益！适令武王不耕而获[22]。

武王入殷，闻殷有长者，武王往见之。而问殷之所以亡，殷长者对曰：“王欲知之，则请以日中为期！”武王与周公旦明日早要期，则弗得也。武王怪之，周公曰：“吾已知之矣，此君子也，取不能其主[23]，有[24]以其恶告王，不忍为也。若夫期而不当，言而不信，此殷之所以亡也，已以此告王矣。”

夫审天者，察列星而知四时，因也；推历者，视月行而知晦朔，因也；禹之裸国，裸入衣出，因也；墨子见荆王，锦衣吹笙，因也[25]；孔子道弥子瑕见釐夫人，因也[26]；汤武遭乱世，临苦民，扬其义，成其功，因也。故因则功，专则拙。因者无敌，国虽大，民虽众，何益！

---

[1]三江：松江、娄江、东江也，皆太湖之支流，松江下七十里分流，东北入海者为娄江，东南流者为东江。五湖：太湖之别名；一说非一湖，且不在一地，太湖为其一。　[2]伊阙：塞名，在河南洛阳南，大禹疏以通水，两山相对，望之如阙，伊水历其间北流，故名。　[3]回：通也。沟回：犹沟通。陆：陆地也。　[4]邑方二里；都方二十二里；国千乘。　[5]古者车皆立乘，故曰立而

至。　[6]竫（jìng）：正也。　[7]候：视其征候也。　[8]岐周：即周也，周初国于岐山，故称。　[9]焉至：至若何之度也。　[10]谓小人道长君子道消也。　[11]谓贤者皆去商他往也。　[12]谓百姓皆畏纣之刑虐，不敢出言也。　[13]驾：加也。　[14]虎贲：勇士也，谓乘兵车之甲士。　[15]与诸侯要期甲子之日会兵，而纣遂以是日败亡也。　[16]用：由也。　[17]河南有巩县，县北有山临河，其下有穴，谓之巩穴，直穴有渚，谓之鲔渚，河自鲔穴已上，又兼"鲔"称，武王所至之鲔水即此。　[18]胶鬲：见《诚廉》篇。　[19]西伯：西方诸侯之长，周自文王始称西伯。　[20]朅（qiè）：何也。朅至：言以何日至殷也。　[21]第一"人"，谓武王，己谓纣。　[22]不耕而获：言不战而克也。　[23]取：索也。能：善也。言索取不善于其主。　[24]有：见《首时》篇。　[25]墨子：名翟，战国时鲁人（参阅《首时》篇"墨者"注），性好俭，而锦衣吹笙以见荆王者，因王之所欲也。　[26]道：见《权勋》篇。弥子瑕：卫灵公之幸臣。釐夫人：灵公夫人南子也。孔子圣人，乃因嬖幸以进身者，因灵公之所欲也。

察今

上胡不法先王之法，非不贤也，为其不可得而法。先王之法，经乎上世而来者也，人或益之，人或损之，胡可得而法？虽人弗损益，犹若不可得而法。东夏[1]之命，古今之法，言异而典[2]殊。故古之命多不通乎今之言者；今之法多不合乎古之法者。殊俗之民，有似于此。其所为欲同，其所为异。口慼之命不愉[3]，若舟车衣冠滋味声色之不同，人以自是，反以相诽。天下之学者，多辩言利辞，倒[4]不求其实，务以相毁，以胜为故[5]。先王之法，胡可得而法，虽可得，犹若不可法。

凡先王之法，有要于时也，时不与法俱至，法虽今而至，犹若不可法。故择[6]先王之成法，而法其所以为法。先王之所以为法者，何也？先王之所以为法者，人也。而己亦人也，故察己则可以知人，察今则可以知古，古今一也，人与我同耳。有道之士，贵以近知远，以今知古，以[益]所见知所不见。故审堂下之阴[7]，而知日月之行，阴阳之变；见瓶水之冰，而知天下之寒，鱼鳖之藏也，尝一脟[8]肉，而知一镬[9]之味，一鼎之调[10]。

荆人欲袭宋，使人先表澭水[11]。澭水暴益[12]，荆人弗知，循表而夜涉，溺死者千有余人，军惊而坏都舍[13]。向其先表之时可导[14]也，今水已变而益多矣，荆人尚犹循环表而导之，此其所以败也。今世之主法先王之法也，有似于此。其时已与先王之法亏[15]矣，而曰此先王之法也，而法之以为治，岂不悲哉！

故治国无法则乱，守法而弗变则悖，悖乱不可以持国。世易时移，变法宜矣。譬之若良医，病万变，药亦万变。病变而药不变，向之寿民，今为殇子矣。故凡举事，必循法以动，变法者因时而化，若此论，则无过务[16]矣。夫不敢议法者，众庶也，以死守法者，有司也，因时变法者，贤主也。是故有天下七十一圣[17]，其法皆不同，非务相反也，时势异也。故曰：良剑期乎断，不期乎镆铘[18]；良马期乎千里，不期乎骥骜[19]。夫成功名者，此先王之千里也。

楚人有涉江者，其剑自舟中坠于水，遽契[20]其舟，曰："是吾剑之所从坠。"舟止，从其所契者入水求之。舟已行矣，而剑不行，求剑若此，不亦惑乎！以此故法为[21]其国与此同，时已徙矣，而法不徙，以此为治，岂不难哉！

有过于江上者，见人方引婴儿而欲投之江中，婴儿啼，人问其故，曰："此其父善游。"其父虽善游，其子岂遽善游哉，此任物[22]亦必悖矣！荆国之为政，有似于此。

---

[1]东夏：东夷与诸夏也。　[2]典：法也。　[3]惽：疑当作"噆"；口噆，犹口吻。不愉：不悦服也。　[4]倒：不顺也。　[5]故：见《首时》篇。　[6]择，一作"释"。　[7]阴：晷影

也。 [8]脟：与“脔”同，块切肉也。 [9]镬（huò）：釜属。 [10]鼎：所以盛肴馔者。调：调和也。 [11]表：坊也，坊，堤障也。濉水：水名，未详。 [12]益：盈溢也。 [13]坏都：城崩也。舍：释也。言军皆惊溃如城之崩，释宋不袭。 [14]导：涉也。 [15]亏：与“诡”同，异也。 [16]过务：不当之事也。[17]孔子升泰山，观易姓而王，可得而数者七十余人，不得而数者万数也。 [18]镆铘：即莫邪，见《当务》篇“干将”注。[19]骥骜：皆骏马名。 [20]契（qiè）：与“锲”通，刻也；一作“刻”。 [21]为：见《先己》篇。 [22]任物：犹任事也。

先识

凡国之亡也，有道者必先去，古今一也。地从于城，城从于民，民从于贤，故贤主得贤者而民得。民得而城得，城得而地得。夫地得岂必足行其地，人说其民哉，得其要[1]而已矣。

夏太史令终古出其图法[2]，执而泣之，夏桀迷惑，暴乱愈甚。太史令终古乃出奔如商，汤喜而告诸侯曰：“夏王无道，暴虐百姓，穷其父兄，耻其功臣，轻其贤良，弃义听谗，众庶咸怨。守法之臣，自归于商。”

殷内史向挚[3]见纣之愈乱迷惑也，于是载其图法出亡之周，武王大说，以告诸侯曰：“商王大乱，沉于酒德，辟远箕子[4]，[爰]爱近姑与息[5]。妲己为政[6]，赏罚无方，不用法式，杀三不辜[7]，民大不服，守法之臣，出奔周国。”

晋太史屠黍[8]见晋之乱也，见晋公[9]之骄而无德义也，以其图法归周。周威公[10]见而问焉，曰：“天下之国，孰先亡？”对曰：“晋先亡。”威公问其故，对曰：“臣比在晋也[11]，不敢直言，示晋公以天妖，日月星辰之行多[以]不当[12]。曰：‘是何能为！’又示以人事多不义，百姓皆郁怨。曰：‘是何能伤！’又示以邻国不服，贤良不举，曰：‘是何能害！’如是，是不知所以亡也；故臣曰‘晋先亡’也。”居三年，晋果亡[13]。威公又见屠黍而问焉，曰：“孰次之？”对曰：“中山[14]次之。”威公问其故，对曰：“天生民而令有别，有别，人之义也，所异于禽兽麋鹿也，君臣上下之所以立也。中山之俗，以昼为夜，以夜继日，男女切[倚]踦[15]，固无休息，淫昏康乐，歌谣好悲[16]，其主弗知恶，此亡国之风也。臣故曰‘中山次之’。”居二年，中山果亡。威公又见屠黍而问焉，曰：“孰次之？”屠黍不对。威公固问焉，对曰：“君次之。”威公乃惧，求国之长者，得义莳田邑[17]而礼之，得史驎、赵骈[18]以为谏臣，去苛令三十九物[19]，以告屠黍。对曰：“其尚终君之身乎！[曰]臣闻之：国之兴也，天遗之贤人与极言之士；国之亡也，天遗之乱人与善谀之士。”威公薨，殡[20]，九月不得葬，周乃分为二[21]。故有道者之言也，不可不重也。周鼎著饕餮[22]，有首无身，食人未咽，害及其身，以言报更[23]也，为不善亦然。

白圭[24]之中山，中山之王欲留之，白圭固辞，乘舆而去。又之齐，齐王欲留之仕，又辞而去。人问其故，曰：“之二国者皆将亡，所学有五尽，何谓五尽？曰：莫之必，则信尽矣[25]；莫之誉，则名尽矣；莫之爱，则亲尽矣。行者无粮，居者无食，则财尽矣；不能用人，又不能自用，则功尽矣。国有此五者，无幸必亡[26]，中山、齐皆当此。”若使中山之王与齐王闻五尽而更之，则必不亡矣。其患不闻，虽闻之，又不信；然则人主之务，在乎善听而已矣。夫五割而与赵[27]，悉起而距军乎济上，未有益也。是弃其所以存，而造[28]其所以亡也。

[1]得其要：谓以德化也。　[2]太史令：史官及历官之长。终古：人名。图法：图象与法典也。　[3]内史：官名，或亦作“太史令”。向挚：人名。向，一作“高”，又作“尚”，挚，一作“艺”，又作“势”。　[4]辟（bì）：除也。箕子：纣诸父，名胥余。箕，国名，子，爵名，见纣暴虐，遂佯狂以避祸。　[5]姑：妇也。息：小儿也。　[6]妲（dá）己：有苏氏女，妲字而己姓，有苏进纣，纣大嬖之，惟其言是听。　[7]纣剖视比干之心，断材士之股，刳孕妇而观其胎，是为杀三不辜。　[8]屠黍：人姓名；黍，一作“余”。　[9]晋公：晋出公也，名凿。　[10]周考王封其弟揭于河南，以续周公之官职，是为桓公。威公：名灶，桓公之子也。　[11]比在晋：犹言前不久在晋之时。　[12]不当：不当所行之宿度也。　[13]出公之后，又近百年而晋始不祀，此言亡者，谓出公为智氏、赵氏、韩氏、魏氏所攻逐，自是晋君无权，政在大夫，与亡无异，故云。　[14]中山：见《权勋》篇。　[15]切踦：足相触也。　[16]好悲：好为哀音也。　[17]义莳、田邑：二贤人也；义莳，一作“锜畴”。　[18]史辚、赵骈：二直人也；一作“史理、赵巽”。　[19]物：事也。　[20]肂（sì）：下棺置地中也。　[21]威公卒，子惠公立，封少子班于巩，以奉王室，号东周惠公，其父为西周惠公。　[22]饕餮（tāo tiè）：恶兽名，古钟鼎彝器多刻其形以为饰。　[23]报更：报偿也。　[24]白圭：战国时人，善治生。　[25]“必”下一有“忠”字，信作“言”；下四句誉上爱上皆有“必”字。　[26]无幸必亡：见《本生》篇。　[27]中山五割地与赵，卒亡于赵（中山先为魏所

灭，后寻复国，而为赵所灭）齐悉举国中兵距燕于济水上，卒为乐毅所破，见《权勋》篇。　[28]造：诣也。

去　宥[1]

东方之墨者谢子[2]，将西见秦惠王[3]。惠王问秦之墨者唐姑果[4]，唐姑果恐王之亲谢子贤于己也[5]，对曰："谢子，东方之辩士也。其为人甚险，将奋于说以取少主[6]也。"王因藏怒以待之。谢子至，说王，王弗听，谢子不说，遂辞而行。凡听言以求善也，所言苟善，虽奋于取少主，何损？所言不善，虽不奋于取少主，何益？不以善为之悫，而徒以取少主为之悖[7]，惠王失所以为听矣。用志若是，见客虽劳，耳目虽弊，犹不得所谓也。此史定所以得行其邪也，此史定所以得饰鬼以人，罪杀不辜，群臣扰乱，国几大危也[8]。人之老也，形益衰而智益盛，今惠王之老也，形与智皆衰邪？

荆威王学书于沈尹华[9]，昭厘[10]恶之。威王好制[11]，有中谢佐制者[12]，为昭厘谓威王曰："国人皆曰：'王乃沈尹华之弟子也。'"王不说，因疏沈尹华。中谢，细人也[13]，一言而令威王不闻先王之术，文学之士不得进，令昭厘得行其私。故细人之言，不可不察也。且数怒人主，以为奸人除[14]路，奸路以除，而恶壅却，岂不难哉[15]！夫激矢则远，激水则旱[16]，激主则悖，悖则无君子矣。夫不可激者，其唯先有度[17]。

邻父有与人邻者，有枯梧树，其邻之父言梧树之不善也。

邻人遽伐之，邻父因请而以为薪。其人不说，曰：“邻者若此其险也，岂可为之邻哉！”此有所宥也，夫请以为薪与弗请，此不可以疑枯梧树之善与不善也[18]。

齐人有欲得金者，清旦被衣冠，往鬻金者之所，见人操金，攫[19]而夺之。吏搏[20]而束缚之，问曰：“人皆在焉，子攫人之金，何故？”对吏曰：“殊不见人，徒见金耳。”此真大有所宥也。夫人有所宥者，固以昼为昏，以白为黑，以尧为桀，宥之为败亦大矣！亡国之主，其皆甚有所宥邪！故凡人必别宥然后知[21]，别宥则能全其天[22]矣。

---

[1]宥：与“囿”同，蔽也，局限也。 [2]墨者：见《首时》篇。谢子：关东人；一作祁射子。祁：地名，射与“谢”通。 [3]秦惠王：见《首时》篇。 [4]唐姑果，一作“唐姑”；又作“唐姑梁”。 [5]亲，一作“视”。 [6]少主：指嗣惠王者。 [7]悫（què）：“慤”的俗体字，诚实忠厚之意。悖：逆也。谓不因其善而诚慤以待之，徒以其取少主而逆之。 [8]史定：秦史。其行邪乱国未详。 [9]荆威王：名熊商。沈尹华：沈县大夫名华也。 [10]昭厘：楚公族。 [11]好制：好自立威制也。 [12]中谢：楚官名，盖侍御之官。佐制：佐王立法制也。 [13]细人：小人。 [14]除：开通也。 [15]以：与“已”通。壅却：壅蔽之义。言奸人之路已通，而犹恶其壅蔽，不可得也。 [16]旱：干也。水激则去疾，不能浸润也。 [17]度：法也，即谓去其所蔽也，听言必察也。 [18]枯梧树之善不善，当自知之，不可因邻

父之请为薪与否，始疑树之善不善也。 [19]攫（jué）：夺取也。
[20]搏（bó）：抓捕也。 [21]别：明辨之意。知：无所蔽也。
[22]天：身也。

精　谕

圣人相谕不待言，有先言言者[1]也。

海上之人有好蜻者[2]，每居[3]海上从蜻游，蜻之至者百数而不止，前后左右尽蜻也，终日玩之而不去，其父告之曰："闻蜻皆从女居，取而来，吾将玩之！"明日之海上，而蜻无至者矣。

胜书[4]说周公旦曰："廷小人众，徐言则不闻，疾言则人知之，徐言乎，疾言乎？"周公旦曰："徐言。"胜书曰："有事于此，而精言之而不明，勿言之而不成，精言乎，勿言乎？"周公旦曰："勿言。"故胜书能以不言说，而周公旦能以不言听。此之谓不言之听。不言之谋，不闻之事，殷虽恶周，不能疵矣[5]。口喑[6]不言，以精相告，纣虽多心，弗能知矣。目视于无形，耳听于无声，商闻虽众，弗能窥矣。同恶同好，志皆有欲，虽为天子，弗能离矣。

孔子见温伯雪子[7]，不言而出，子贡[8]曰："夫子之欲见温伯雪子好[9]矣，今也见之而不言，其故何也？"孔子曰："若夫人者，目击而道存矣，不可以容声矣。故未见其人而知其志，见其人而心与志皆见，天符同也[10]。"圣人之相知，岂待言哉！

白公[11]问于孔子曰："人可与微言乎[12]？"孔子不应[13]。白公曰："若以石投水奚若[14]？"孔子曰："没人[15]能取之。"白公曰："若以水投水奚若？"孔子曰："淄渑之合者，易牙尝而知之[16]。"白公曰："然则人不可与微言乎？"孔子曰："胡为不可！唯知言之谓者为可耳[17]。"白公弗得也[18]，知谓则不以言矣[19]，言者，谓之属也。求鱼者濡，争兽者趋，非乐之也[20]。故至言去言，至为无为，浅智者之所争则末矣。此白公之所以死于法室[21]。

齐桓公[22]合诸侯，卫人后至。公朝而与管仲[23]谋伐卫。退朝而入，卫姬[24]望见君，下堂再拜，请卫君之罪[25]，公曰："吾于卫无故，子曷为请？"对曰："妾望君之入也，足高气强，有伐国之志也，见妾而有动色，伐卫也。"明日，君朝，揖管仲而进之，管仲曰："君舍卫乎？"公曰："仲父[26]安识之？"管仲曰："君之揖朝也恭，而言也徐，见臣而有惭色，臣是以知之。"君曰："善。仲父治外，夫人治内，寡人知终不为诸侯笑矣。"桓公之所以匿者，不言也，今管子乃以容貌音声，夫人乃以行步气志，桓公虽不言，若暗夜而烛燎[27]也。

晋[襄]顷公[28]使人于周曰："弊邑寡君寝疾，卜以守龟，曰：'三涂[29]为祟。'弊邑寡君使下臣愿藉途而祈福焉。"天子[30]许之。朝礼使者，事毕，客出。苌弘谓刘康公曰[31]："夫祈福于三涂，而受礼于天子，此柔嘉[32]之事也，而客武色，殆有他事，愿公备之也！"刘康公乃儆戎车卒士以待之。晋果使祭事先，因令杨子[33]将卒十二万而随之，涉于棘津[34]，袭聊阮梁[35]蛮氏，灭三国焉。此形名不相当，圣人之所察也，苌弘则审矣。故言不足以断小事，唯知言之谓者可为。

[1]先言言者：犹先于言而言者。 [2]好蜻者，一作“好沤鸟者”。 [3]居：处也。 [4]胜书，一作“客”，无名；一作“王满生”。 [5]疵：病也。一作诛管蔡事，非谓翦商。 [6]唇：同“吻”。 [7]温伯雪子：古之得道人。 [8]子贡：见《先己》篇；一作“子路”。 [9]好，一作“久”。 [10]天符：犹天道。同：合也。 [11]白公：楚平王太子建之子，名胜，封于白（楚县名），故称白公。 [12]与：见《权勋》篇。微言：阴谋密事也。平王时，太子建被谗奔郑，为郑人所杀。胜后返国，其庶父子西为令尹，子期为司马，胜欲伐郑以报父仇，子西许之。会晋伐郑，子西、子期又以兵救郑，胜怒，欲杀子西、子期，故以微言为问。 [13]孔子知白公欲为乱，故不应。一说孔子不应有与白公问答事，此本《列子》，当为寓言。 [14]意谓微言若以石投水，人不能知。 [15]没人：能没入水中者。 [16]淄：水名，源出山东莱芜。渑：水名，出河南渑池西北广阳山。易牙：人姓名，齐桓公辨味之臣。 [17]所谓言者，乃指仁义忠信而言，若所言为仁义忠信之事，固可言也。 [18]谓白公不得言之道。[19]谓不以阴谋密事为言。 [20]濡：湿也。非乐之：谓非乐其濡乐其趋。此以喻不知言之谓，不如不言，不然，将如求鱼者必濡，争兽者必趋矣。 [21]法室：谓司寇；一作“浴室”，澡浴之室也；一谓白公奔山而缢。 [22]齐桓公：见《贵公》篇。 [23]管仲：见《贵公》篇。 [24]卫姬：卫女之为桓公夫人者。 [25]以揣

知桓公将伐卫，故请问卫君有何罪也。　[26]仲父：见《贵公》篇。　[27]燎（liáo）：爇火也。　[28]晋顷公：名去疾。　[29]三涂：山名，在河南嵩县西南，伊水之北。　[30]天子：周景王也。　[31]苌弘：人姓名，周大夫也。刘康公：字季子，周王族，食采于刘，谥曰康，故称。　[32]柔嘉：柔和美善也。　[33]杨子：未详。　[34]棘津：河岸名。　[35]聊、阮、梁：春秋时三戎国名。

离　谓

言者，以谕意也。言意相离，凶也。乱国之俗，甚多流言，而不顾其实。务以相毁，务以相誉，毁誉成党，众口熏天，贤不肖不分。以此治国，贤主犹惑之也，又况乎不肖者乎！惑者之患，不自以为惑，故惑[1]。惑之中有晓焉，冥冥之中有昭昭焉。亡国之主，不自以为惑，故与桀、纣、幽、厉皆也[2]。然有亡者[3]国，无二道矣。

郑国多相县以书[4]者，子产令无县书[5]，邓析致之[6]，子产令无致书，邓析倚之[7]。令无穷，则邓析应之亦无穷矣，是可不可无辨也[8]。可不可无辨，而以赏罚，其罚愈疾，其乱愈疾，此为国之禁也。故辨而不当理则伪，知而不当理则诈。诈伪之民，先王之所诛也。理也者，是非之宗也。

洧水[9]甚大，郑之富人有溺者。人得其死[10]者，富人请赎之，其人求金甚多。以告邓析[11]，邓析曰："安之！人必莫之卖矣[12]。"得死者患之，以告邓析，邓析又答之曰："安之！此必无所更买矣[13]。"夫伤忠臣者，有似于此也。夫无功不得民，则以其无功不得民伤之；有功得民，则又以其有功得民伤之。人主之无度者，无以知此，岂不悲哉！比干、苌弘以此死[14]，箕子、商容以此穷[15]，周公、召公以此疑[16]，范蠡、子胥以此流[17]，死生存[以]亡安危，从此生矣。

子产治郑，邓析务难之。与民之有狱者约：大狱一衣，小狱襦袴[18]，民之献衣襦袴而学讼者，不可胜数。以非为是，以是为非，是非无度，而可与不可日[19]变。所欲胜，因胜，所欲罪，因罪。郑国大乱，民口喧哗，子产患之，于是杀邓析而戮之，民心乃服，是非乃定，法律乃行。今世之人，多欲治其国，而莫之诛邓析之类，此所以欲治而愈乱也。

齐有事人者，所事有难而弗死也。遇故人于涂，故人曰："固不死乎？"对曰："然，凡事人以为利也，死不利，故不死。"故人曰："子尚可以见人乎？"对曰："子以死为顾可以见人乎？"是者数传[20]，不死于其君长，大不义也。其辞犹不可服，辞之不足以断事也明矣。夫辞者，意之表也，鉴其表而弃其意，悖。故古之人得其意，则舍其言矣[21]。听言者以言观意也，听言而意不可知，其与桥[22]言无择。

齐人有淳于髡[23]者，以从[24]说魏王，魏王辩之，约车十乘，将使之荆，辞而行。有以横说魏王[25]，魏王乃止其行[26]。失从之意，又失横之事，夫其多能，不若寡能，其有辩不若无辩。周鼎著倕而龁其指，先王有以见大巧之不可为也[27]。

---

[1]言惑者虽惑，然其所惑之中，亦有小智，昏暗之中，亦有小明，因自谓不惑而终惑也。　[2]幽：周幽王，名宫湼，为犬戎所攻杀，子平王东迁于洛为东周，而西周亡。厉：周厉王，名胡，幽王之祖父，暴虐侈傲，国人叛而袭之。亡奔彘以死。皆：与"偕"通。

[3]者：与“诸”同。　[4]县：同“悬”；相县以书：谓悬招讼者，为之包揽词讼，以倒乱是非曲直也。　[5]子产：郑名相，为郑公族，名侨。令无县书：即禁止包揽词讼也。　[6]邓析：郑大夫，治名家言。致：传致也。　[7]倚：依也，依县书者之意以听讼也。[8]言其倒乱是非曲直，无所辨别。　[9]洧（wěi）水：发源于今河南阳城山，东流至新郑。　[10]死：与“尸”同。　[11]以告邓析，一作“富人党以告邓析”。　[12]人必莫之卖矣，一作“必无买此者”。　[13]言舍汝无从更买得此尸。　[14]比干：纣诸父，谏纣，纣剖其心而死之。晋范吉射荀寅叛其君，苌弘助范氏，晋以为言，周为杀弘。以此，因其主不知。　[15]箕子：详《先识览》篇。商容：纣贤臣，以谏被黜。　[16]周武王崩，子成王立，年幼，周公旦、召公奭辅之，武王群弟管叔、蔡叔流言于国，谓周公将不利于孺子，周召以此见疑。　[17]范蠡：越王勾践臣，佐勾践灭吴。吴亡，蠡以勾践为人，可与共患难，不可与共安乐，遂去越他适。子胥：事吴王阖闾，胜楚以强国，阖闾死，子夫差立，与越和，子胥谏，不听，而赐剑使自尽，以革囊盛其尸，投之江。　[18]襦（rú）：短衣也，若今之短袄。大狱献一衣，小狱献襦袴，即教之胜讼也。　[19]日，一作“因”。　[20]言是人已数世事其君。[21]言其辞虽强，而能夺理，据以断事，则是非曲直倒乱矣。[22]桥：矫也。　[23]淳于髡：战国时齐人，滑稽多辨。　[24]从：合从，联关东六国以拒秦也。　[25]横：连横，使关东六国相率事秦也。　[26]王以其言自相矛盾，故疑而不使行也。　[27]倕：见《重己》篇。龁（hé）：啮也。周著倕于鼎，使自咬其指，所以明大巧之不可为，以喻淳于髡恃巧辨而言意相离，致两无所就也。

离　俗

世之所不足者，理义也；所有余者，妄苟也[1]。民之情，贵所不足，贱所有余，故布衣人臣之行，洁白清廉中绳[2]，愈穷愈荣，虽死，天下愈高之，所不足也；然而以理义斲削[3]，神农、黄帝[4]犹有可非，微独舜、汤[5]。飞兔、要褭[6]，古之骏马也，材犹有短，故以绳墨取木，则宫室不成矣[7]。

舜让其友石户之农[8]，石户之农曰："棬棬[9]乎后[10]之为人也！葆力[11]之士也。"以舜之德为未至也，于是乎夫负妻戴，携子以入于海，去之终身不反。舜又让其友北人无择。北人无择[12]曰："异哉！后之为人也，居于甽亩[13]之中，而游入于尧之门。不若是而已[14]，又欲以其辱行漫[15]我，我羞之！"而自投于苍领[16]之渊。汤将伐桀，因卞随而谋，卞随[17]辞曰："非吾事也。"汤曰："孰可？"卞随曰："吾不知也。"汤又因务光[18]而谋，务光曰："非吾事也。"汤曰："孰可？"务光曰："吾不知也。"汤曰："伊尹[19]何如？"务光曰："强力忍訽[20]，吾不知其他也。"汤遂与伊尹谋夏，伐桀克之。以让卞随，卞随辞曰："后之伐桀也，谋乎我，必以我为贼也，胜桀而让我，必以我为贪也。吾生乎乱世，而无道之人再来訽我，吾不忍数[21]闻也！"乃自投于颍水[22]而死。汤又让于务光曰："智者谋之，武者遂[23]之，仁者居之，古之道也，吾子胡不位之[24]？请相吾子！"务光辞曰："废上，非义也；杀民，非仁也，人犯其难，我享其利，非廉也。吾闻之：非其义，不受其利；无道之世，不践其土，况于尊我乎，吾不忍久见也！"乃负石而沉于募水[25]。故如石户之农、北人无择、卞随、务光者，其视天下，若六合[26]之外，人之所不能察。其视富贵也，苟可得已，则必不之赖[27]。高节厉行，独乐其意，而物莫之害。不漫于利，不牵于势，而羞居浊世。惟此四士者之节！若夫舜、汤，则苞裹覆容，缘不得已而动，因时而为，以爱利为本，以万民为义。譬之若钓者，鱼有小大，饵有宜适，羽有动静[28]。

齐晋相与战，平阿之余子亡戟得矛[29]。却而去，不自快[30]，谓路之人曰："亡戟得矛，可以归乎？"路之人曰："戟亦兵也，矛亦兵也，亡兵得兵，何为不可以归！"去行，心犹不自快，遇高唐之孤叔无孙[31]，当其马前曰："今者战，亡戟得矛，可以归乎？"叔无孙曰："矛非戟也，戟非矛也，亡戟得矛，岂亢责[32]也哉！"平阿之余子曰："嘻！"还反战，趋尚及之，遂战而死。叔无孙曰："吾闻之，君子济[33]人于患，必离[34]其难。"疾驱而从之，亦死而不反。令此将众，亦必不北矣；令此处人主之旁，亦必死义矣。今死矣而无大功，其任小故也。任小者，不知大也。今焉知天下之无平阿余子与叔无孙也。故人主之欲得廉士者，不可不务求。

齐庄公[35]之时，有士曰宾卑聚[36]，梦有壮子[37]，白缟[38]

之冠，丹绩之袧[39]。东布[40]之衣，新素履，墨剑室[41]，从而叱之，唾其面。惕然[42]而寤。徒梦也，终夜坐，不自快。明日，召其友而告之曰："吾少好勇，年六十而无所挫辱，今夜辱，吾将索其形，期得之则可，不得，将死之。"每朝与其友俱立乎衢，三日不得，却而自殁[43]。谓此当务则未也，虽然，其心之不辱也，有可以加乎！

---

[1]妄苟：妄作苟为也。 [2]绳：正也。 [3]斲削：绳律之意。 [4]神农：古帝，姜姓，始教民作耒耜，兴农业，故称神农。又称炎帝。黄帝：古帝，姓公孙，后改姓姬，又称轩辕氏，以兵力服诸侯，代神农氏为天子。 [5]舜为天子，其父瞽瞍为庶人，因有卑父之谤。汤以征诛得天下，因有放弑之讥。 [6]飞兔、要褭（niǎo）：皆良马名。 [7]绳墨：所以为直之具。正材难得，故宫室不成也。 [8]让：让天下也。石户之农：石户地之农人也。 [9]棬棬（quān）：自劳貌。一作"捲捲"。 [10]后：见《先己》篇。 [11]葆：通"宝"；葆力：言自宝其力，而卸责于人。 [12]北人无择：姓北人，名无择也。 [13]甽："畎"之古文，一亩之间，广尺深尺曰甽。亩：田六十方丈也。 [14]已：止也。 [15]漫：污也。 [16]苍领：一作"清泠"，渊名也。 [17]卞随：人姓名。 [18]务光：人姓名，汤时隐士。一作"瞀光"；又作"牟光"。 [19]伊尹：见《先己》篇。 [20]诟：辱也。一作"垢"。 [21]数（shuò）：频也。 [22]颍水：出今河南登封西境之颍谷。 [23]遂：成也。 [24]位之：

居天子之位也。一说“之”为衍文。　[25]募：读如“伯”，一说募无伯音，疑为“蓦”之讹，蓦，音莫也。募水：不详。一作“庐水”，或“卢水”。　[26]六合：天地上下四方也。　[27]赖：利也。　[28]羽：钓浮也。言舜汤之行如钓，相时而动，动因其宜，不能超乎象外也。　[29]平阿：齐邑名。古军制，家致一人为正卒，余皆为羡卒，曰余子。亡戟得矛，亡己之戟，而得晋人之矛。　[30]不自快：心不自安也。　[31]高唐：齐邑，故城在今山东禹城县西南。孤：孤特位尊也。叔无孙：守高唐之大夫，叔姓，无孙名。　[32]亢责：当其责也。　[33]济：帮助。　[34]离：犹遭也。　[35]齐庄公，名光。　[36]宾卑聚：宾姓，卑聚名。[37]壮子：犹壮士。　[38]白缟：白生绢之细者。　[39]缋：一说疑“缋”字。袀（xún）：领端也。一曰缨也。　[40]东布：东方所出之布。　[41]墨：黑色。剑室：剑鞘也。　[42]惕（tì）然：惶恐貌。　[43]却：退也。殁：“殇”之或体，殇即“刎”也。

贵信

凡人主必信，信而又信，谁人不亲！故《周书》曰："允哉允哉[1]！"以言非信则百事不满[2]也。故信之为功大矣！信立则虚言可以赏矣[3]，虚言可以赏，则六合之内，皆为己府矣[4]。信之所及，尽制之矣。制之而不用，人之有也。制之而用之，己之有也[5]。己有之，则天地之物毕为用矣。人主有见此论者，其王不久矣。人臣有知此论者，可以为王者佐矣。天行不信，不能成岁；地行不信，草木不大。春之德风，风不信，其华不盛，华不盛，则果实不生；夏之德暑，暑不信，其土不肥，土不肥，则长遂不精；秋之德雨，雨不信，其谷不坚，谷不坚，则五种不成；冬之德寒，寒不信，其地不刚，地不刚，则冻闭不开[6]。天地之大，四时之化，而犹不能以不信成物，又况乎人事！君臣不信，则百姓诽谤，社稷不宁；处官不信，则少不畏长，贵贱相轻；赏罚不信，则民易犯法，不可使令；交友不信，则离散郁怨，不能相亲；百工不信，则器械苦伪[7]，丹漆染色不贞[8]。夫可与为始，可与为终，可与尊通，可与卑穷者，其唯信乎！信而又信，重袭于身，乃通于天。以此治人，则膏雨甘露降矣，寒暑四时当矣。

齐桓公伐鲁，鲁人不敢轻战，去鲁国五十里而封之[9]。鲁请比关内侯以听[10]，桓公许之。曹翙[11]谓鲁庄公[12]曰："君宁死而又死乎，其宁生而又生乎？"庄公曰："何谓也？"曹翙曰："听臣之言，国必广大，身必安乐，是生而又生也；不听臣之言，国必灭亡，身必危辱，是死而又死也。"庄公曰："请从！"于是明日将盟，庄公与曹翙皆怀剑。至于坛上，庄公左搏[13]桓公，右抽剑以自承[14]，曰："鲁国去境数百里，今去境五十里，亦无生矣[15]，钧其死也，戮于君前[16]！"管仲、鲍叔进，曹翙按剑当两陛之间[17]，曰："且二君将改图，毋或进者[18]！"庄公曰："封于汶则可[19]，不则请死！"管仲曰："以地卫君，非以君卫地，君其许之！"乃遂封于汶南，与之盟。归而欲勿予，管仲曰："不可，人特劫君而[不盟，君]不知，不可谓智；临难而不能勿听，不可谓勇；许之而不予，不可谓信。不智，不勇，不信，有此三者，不可以立功名。予之，虽亡地，亦得信，以四百里之地，见信于天下，君犹得也。"庄公，仇也[20]，曹翙，贼也。信于仇贼，又况于非仇贼者乎！夫九合之而合[21]，壹匡之而听[22]，从此生矣。管仲可谓能因物矣，以辱为荣，以穷为通，虽失乎前，可谓后得之矣。物固不可全也[23]。

---

[1]《周书》：《逸周书》也。允：信也。　[2]满：犹成也。[3]言以空言为赏，人亦信其不欺矣。　[4]六合：见《离俗览》篇。皆为己府：言皆如己有。　[5]言制而不用，固为他人所有，制而用之，即为己有。　[6]开：一说"密"之讹，一说当为"闳"，闳即

“密”之借字，形近“閅”，故讹“开”耳。　[7]苦：粗恶之意。　[8]贞：正也。　[9]于离国都五十里之地，立防以自固也。　[10]比关内侯：以郊关之侯自比；一说侯当作“候”，言比于关内之候吏；又一说“侯”疑衍文，谓请与齐之内地相比，一切奉齐命云。　[11]曹翙：一作“曹沫”。鲁人，以勇力闻。　[12]鲁庄公，名同。　[13]搏：见《首时》篇。　[14]自承：自向也。　[15]言鲁之国都，本与国境相去数百里，今相去五十里，削弱至此，难以自保，亦终不勉于死矣。　[16]钧：等也。言等一死耳，不如即战君前以死。　[17]两陛之间：盟坛左右两阶之间。　[18]禁管鲍前进也。　[19]汶：水名，在山东。封于汶，言以汶为境也，盖汶南之地，本属于鲁，时为齐所夺，故请复之。　[20]齐襄公在位，无道，弟纠及弟小白惧祸及，皆出奔。纠奔鲁，小白奔莒，襄公被弑，齐内乱，鲁莒各纳来奔者于齐，小白（即桓公）先入。发兵拒鲁，鲁兵败；杀纠，故谓庄公为仇。　[21]九合：谓桓公九合诸侯也。有二说：一谓兵车之三会及乘车之六会，鲁庄公十三年会北杏以平宋乱，鲁僖公四年侵蔡伐楚，六年伐郑，围新城，为兵车三会，鲁庄公十四年会于鄄，十五年又会鄄，十六年同盟于幽，僖五年会首止，八年盟于洮，九年会葵丘，为乘车六会，合得九数；一谓北杏、柽贯、阳谷、首戴、宁母、葵丘七会及鄄幽各二会，凡十一会，而除去北杏、阳谷以成九云。　[22]匡：正也。壹匡：谓周惠王崩，太子郑以弟带宠于惠王后，惧不得立，不发丧而告难于齐，桓公因会诸侯于洮，以定王位，郑乃得立，是为襄王。　[23]一说末句疑为下《举难》篇之首句，错杂于此。

举 难

以全举人固难，物之情也[1]。人伤尧以不慈之名[2]，舜以卑父之号[3]，禹以贪位之意[4]，汤武以放弑之谋，五伯以侵夺之事，由此观之，物岂可全哉！故君子责人则以人[5]，自责则以义，责人以人则易足，易足则得人；自责以义，则难为非，难为非则行饰[6]，故任天地而有余[7]。不肖者则不然，责人则以义，自责则以人。责人以义[责]则难[瞻]赡[8]，难[瞻]赡则失亲[9]；自责以人则易为，易为则行苟。故天下之大而不容也，身取危，国取亡焉。此桀、纣、幽、厉之行也。尺之木必有节目，寸之玉必有瑕瓋[10]。先王知物之不可全也，故择务而贵取一[11]也。

季孙氏劫公家[12]，孔子欲谕术则见外，于是受养而便说[13]。鲁国以訾[14]。孔子曰："龙食乎清而游乎清，螭[15]食乎清而游乎浊，鱼食乎浊而游乎浊，今丘上不及龙，下不若鱼，丘其螭邪！"夫欲立功者，岂得中绳[16]哉，救溺者濡，追逃者趋[17]。

魏文侯弟曰季成[18]，友曰翟璜[19]，文侯欲相之而未能决，以问[季充]李克，[季充]李克对曰："君欲置相，则问乐腾[20]与王孙苟端孰贤。"文侯曰："善。"以王孙苟端为不肖，翟璜进之，以乐腾为贤，季成进之，故相季成。凡听于主言人不可不慎，季成，弟也，翟璜，友也，而犹不能知，何由知乐腾与王孙苟端哉[21]！疏贱者知，亲习者不知，理无自然[22]，[理无]自然而断相，过[23]，[季充]李克之对文侯也亦过；虽皆过，譬之若金之与木，金虽柔，犹坚于木。

孟尝君问于白圭曰[24]：“魏文侯名过桓公，而功不及五伯，何也？”白圭对曰：“文侯师子夏[25]，友田子方[26]，敬段干木[27]，此名之所以过桓公也。卜相曰：‘成与璜孰可？’此功之所以不及五伯也。相也者，百官之长也，择者，欲其博也。今择而不去二人，与用其仇亦远矣[28]！且师友也者，公可[29]也，戚爱也者，私安[30]也，以私胜公，衰国之政也。然而名号显荣者，三士羽翼之也[31]。”

宁戚欲干齐桓公[32]，穷困无以自进，于是为商旅将任车[33]，以至齐。暮宿于郭门之外。桓公郊迎客，夜开门，辟[34]任车，爝火[35]甚盛，从者甚众。宁戚饭牛居车下，望桓公而悲，击牛角疾歌。桓公闻之，抚[36]其仆之手曰：“异哉！之歌者非常人也！”命后车载之。桓公反，至，从者以请，桓公赐之衣冠，将见之。宁戚见，说桓公以治境内。明日，复见，说桓公以为[37]天下。桓公大说。将任之，群臣争之曰：“客，卫人也，卫之去齐不远，君不若使人问之，而[38]固贤者也，用之未晚也。”桓公曰：“不然，问之，患其有小恶，以人之小恶，亡人之大美。此人主之所以失天下之士也已！”凡听必有以矣，今听而不复问，合其所以也。且人固难全，权而用其长者，当举也[39]，桓公得之矣[40]。

---

[1]言举人难得全人，物情固如此也。　[2]伤：毁也。尧不慈之名，见《当务》篇。　[3]卑父：见《离俗览》注。　[4]贪位：谓禹废舜子商均而代其位。　[5]责人则以人：谓以众人望人，不苛求也。　[6]饰：读如“饬”，饬，正也。　[7]任天地而有余，以其德饶也。　[8]赡：足也。　[9]失亲：言人皆不与相亲也。　[10]璃（tì），“适”之俗字；瑕璃：玉病也。[11]取一：取其一长，不问其余事也。　[12]季孙氏：鲁之权臣。劫公家：劫夺公家政事而自专之也。　[13]言孔子欲谕以道术，则虑见疏远，故受其养以便谕说焉。　[14]以訾：因毁孔子也。[15]螭（chī）：若龙而黄，无角。　[16]中绳：见《离俗览》。[17]濡与趋，皆人所不乐，然欲救溺追逃，不得不濡趋也。　[18]季成：一称公成季；又称魏成子。　[19]翟璜：战国时魏人。一作“翟黄”；又作“翟触”。　[20]乐腾：一作“乐商”。[21]言文侯于季成、翟璜之贤不肖，且不能知，则以乐腾为贤，以王孙苟端为不肖，亦未必有当也。　[22]理无自然：于理无由然也。　[23]理无自然而断相，过：言理所无由然，而以之断其孰为相，则过矣。　[24]孟尝君：战国时齐公族田婴之子，名文，以好士称。白圭：战国时周人，名丹，圭其字也，与《先识览》所引者为二人。　[25]子夏：姓卜，名商，孔子弟子。　[26]田子方：名无择，子贡弟子，魏贤人也。　[27]段干木：见《谨听》篇。　[28]仇，谓管仲，仲为桓公仇（见《贵公》篇注），桓公能以为相，因霸诸侯。与用其仇亦远矣：言文侯较之桓公之能用其

仇者远不如也。　[29]公可：公意所可。　[30]私安：私意所安。　[31]三士：子夏等三人。羽翼之：犹佐之也。　[32]宁戚：又作宁遬，春秋时卫人，为齐桓公上卿，后为相。干齐桓公：求进于齐桓公也。　[33]任车：载重之车。　[34]辟：与“关”通，除道之意。　[35]爝（yàn）火：火炬也。　[36]抚：按也，按令止车也。　[37]为：见《察今》篇。　[38]而：与“如”同。　[39]当举也：一作“当此举也”。　[40]得之：谓得权而用其长之道。

召 类[1]

类[同]固相召，气同则合，声比[2]则应。故鼓宫而宫应，鼓角而角动[3]。以龙致雨，以形逐影。祸福之所自来，众人以为命焉，不知其所由。故国乱非独乱，有[4]必召寇，独乱未必亡也，召寇则无以存矣。凡兵之用也，用于利，用于义。攻乱则服，服则攻者利，攻乱则义，义则攻者荣。荣且利，中主犹且为之，有况于贤主乎！故割地，宝器，戈剑，卑辞屈服，不足以止攻，唯治为足[5]，治则为利者不攻矣，为名者不伐矣。凡人之攻伐也，非为利，则固为名也。名实不得，国虽强大，则无为攻矣[6]。兵所自来者久矣：尧战于丹水之浦[7]，以服南蛮；舜却苗民[8]，更易其俗；禹攻曹、魏、屈骜、有扈[9]，以行其教。三王以上，固皆用兵也，乱则用，治则止。治而攻之，不祥莫大焉，乱而弗讨，害民莫长焉，此治乱之化[10]也，文武之所由起也。文者，爱之征也，武者，恶之表也。爱恶循义，文武有常，圣人之元[11]也。譬之若寒暑之序，时至而事生之。圣人不能为时，而能以事适时，事适于时者，其功大。

士尹池[12]为荆使于宋，司城子罕[13]觞之。南家之墙，犨于前而不直[14]，西家之潦，径其宫而不止[15]，士尹池问其故，司[马]城子罕曰："南家，工人也，为鞔[16]者也，吾将徙之。其父曰：'吾恃为鞔以食，三世矣，今徙之，是宋国之求鞔者，不知吾处也，吾将不食，愿相国之忧吾不食也。'为是故吾弗徙也。西家高，吾宫庳[17]，潦之经吾宫也利[18]，故弗禁也。"士尹池归荆，荆王适兴兵而攻宋，士尹池谏于荆王曰："宋不可攻也，其主贤，其相仁，贤者能得民，仁者能用人，荆国攻之，其无功而为天下笑乎！"故释宋而攻郑。孔子闻之曰："夫修之于庙堂之上，而折冲[19]乎千里之外者，其司城子罕之谓乎！"宋在三大万乘之间[20]，子罕之时，无所相侵，边境四益。相平公、元公、景公以终其身[21]，其唯仁且节与！故仁节之为功大矣！故明堂茅茨蒿柱[22]，土阶三等，以见节俭。

赵简子[23]将袭卫，使史默往睹[24]之。期以一月，六月而后反，赵简子曰："何其久也？"史默曰："谋利而得害，犹弗察也，今蘧伯玉[25]为相，史鳝[26]佐焉，孔子为客，子贡[27]使令于君前，甚听。《易》曰：'涣其群，元吉[28]。'涣者，贤也，群者，众也，元者，吉之始也，涣其群元吉者，其佐多贤也。"赵简子按兵而不动。凡谋者，疑也，疑则从义断事，从义断事，则谋不亏。谋不亏，则名实从之，贤主之举也，岂必旗偾[29]将毙，而乃知胜败哉！察其理而得失荣辱定矣。故三代之所贵，无若贤也。

---

[1]另有版本为"召数"。 [2]比（bǐ）：近也。 [3]宫：五音之一。鼓大宫而小宫应。角：五音之一。鼓大角而小角应。 [4]有：见《首时》篇。 [5]唯治为足：言唯治足止人攻。 [6]攻

之不得名，又不得实，其国虽强大，亦不往攻也。　[7]丹水：水名，发源陕西冢岭山，入河南。浦：岸也；一曰崖也。　[8]苗民：三苗之民，古中国之民族，唐虞时不服政化，舜因讨之。[9]曹、魏、屈骜：皆古国名。有扈：见《先己》篇。古称启伐有滬，此言禹，或禹先已伐之也。　[10]化：变也。　[11]元：宝也。　[12]士尹池：一作“工尹他”。　[13]司城子罕：见《异宝》篇。　[14]犨（chóu）：挡也。言南家之墙，挡于子罕堂前，子罕不能从堂上直视远处也。　[15]径：过也。一作“经”；又作“注”。言西家之潦，从高下流，经子罕宫，子罕不禁也。[16]鞔（mán）：履空也，犹今鞋帮。　[17]庳：见《诚廉》篇。[18]利：利其经吾宫也。　[19]冲：冲车，所以冲突敌兵而陷破之。有道之国，不可攻伐，使欲攻己者折还其冲军，不敢来攻曰“折冲”。　[20]宋南有楚，北有晋，东有齐，三国皆万乘大国，故曰“在三大万乘之间”。　[21]平公：名成。元公：平公子，名佐。景公：平公子，名头曼，子罕历相三君。　[22]明堂：明政教之堂，古祀上帝，祭先祖，朝诸侯，养老尊贤，凡关于大典礼者，皆于此行之。其制自上古以迄唐宋，各有不同。茅茨（cí）：以茅盖屋也。蒿柱：蒿所为柱。周时德泽和洽，蒿茂大，因以为柱。　[23]赵简子：晋大夫，名鞅。　[24]睹：身亲往见。[25]蘧伯玉：卫贤大夫，名瑗。　[26]史鳍（qiú）：字子鱼，以直名。　[27]子贡：见《先己》篇。　[28]《易·涣卦》辞。[29]偾（fèn）：覆也。

六论选目

期　贤

今夫爚[1]蝉者，务在乎明其火、振其树而已。火不明，虽振其树，何益[2]！明火不独在乎火，在于暗。当今之时，世暗甚矣，人主有能明其德者，天下之士，其归之也，若蝉之走[3]明火也。凡国不徒安，名不徒显，必得贤士。

赵简子昼居，喟然太息曰："异哉！吾欲伐卫十年矣，而卫不伐[4]。"侍者曰："以赵之大，而伐卫之细，君若不欲，则可也；君若欲之，请令伐之！"简子曰："不如而[5]言也，卫有士十人于吾所，吾乃且伐之，十人者，其言不义也，而我伐之，是我为不义也[6]。"故简子之时，卫以十人者按[7]赵之兵，殁简子之身。卫可谓知用人矣，游十士而国家得安。简子可谓好从谏矣，听十士而无侵小夺弱之名。

魏文侯过段干木之闾而轼之[8]，其仆曰："君胡为轼？"曰："此非段干木之闾欤！段干木盖贤者也，吾安敢不轼！且吾闻段干木未尝肯以己易寡人也[9]，吾安敢骄之？段干木光乎德，寡人光乎地；段干木富乎义，寡人富乎财。"其仆曰：

“然则君何不相之？” 于是君请相之，段干木不肯受，则君乃致禄百万，而时往馆之[10]。于是国人皆喜，相与诵之曰：“吾君好正，段干木之敬！吾君好忠，段干木之隆！”居无几何，秦兴兵欲攻魏，司马唐[11]谏秦君曰：“段干木，贤者也，而魏礼之，天下莫不闻，无乃不可加兵乎！”秦君以为然，乃按兵辍不敢[12]攻之。魏文侯可谓善用兵矣，尝闻君子之用兵，莫见其形，其功已成，其此之谓也。野人之用兵也，鼓声则似雷，号呼则动地，尘气充天，流矢如雨，扶伤舆死[13]，履肠涉血，无罪之民，其死者量[14]于泽矣，而国之存亡，主之死生，犹不可知也，其离仁义亦远矣！

---

[1]爚：与“耀”通。 [2]火不明，则蝉飞去而不能得，故曰何益。 [3]走：趋也。 [4]不伐：不果伐也。 [5]而：汝也。 [6]其言不义：谓十人言伐卫不义。 [7]按：止也。 [8]闾：里门也。轼伏也，古时乘车必正立，有所敬，则伏于车前。文侯敬段干木，故车过其闾而轼。 [9]言未尝肯以寡人之命而易其操。 [10]时往馆之：时往诣其馆也。 [11]司马唐：秦大夫。一作“司马庾”。 [12]敢：一说疑衍。 [13]死：与“尸”同。 [14]量：满也。

疑　似

使人大迷惑者，必物之相似也。玉人之所患，患石之似玉者；相剑者之所患，患剑之似吴干[1]者；贤主之所患，患人之博闻辩言而似通[2]者。亡国之主似智，亡国之臣似忠。相似之物，此愚者之所大惑，而圣人之所加虑也，故墨子[3]见歧道而哭之。

周宅酆镐[4]，近戎人，与诸侯约："为高葆[祷]壔于王路[5]，置鼓其上，远近相闻，即戎寇至，传鼓相告，诸侯之兵皆至救天子。"戎寇当[6]至，幽王[7]击鼓，诸侯之兵皆至，褒姒[8]大说，喜之。幽王欲褒姒之笑也，因数击鼓，诸侯之兵数至而无寇。至于后，戎寇真至，幽王击鼓，诸侯兵不至。幽王之身，乃死于丽山[9]之下，为天下笑。此夫以无寇失真寇者也。贤者有小恶以致大恶，褒姒之败，乃令幽王好小说[10]以致大灭。故形骸相离，三公九卿出走。此褒姒之所用死，而平王所以东徙也[11]，秦襄、晋文之所以劳王，劳而赐地也[12]。

梁北有黎丘部[13]，有奇鬼焉。喜效人之子侄、昆弟之状。邑丈人[14]有之市而醉归者，黎丘之鬼效其子之状，扶而道苦之。丈人归，酒醒而诮[15]其子曰："吾为汝父也，岂谓不慈哉，我醉，汝道苦我，何故？"其子泣而触地曰："孽矣！无此事也！昔也往责于东邑人[16]，可问也[17]。”其父信之，曰：“嘻！是必夫奇鬼也！我固尝闻之矣。”明日端[18]复饮于市，欲遇而刺杀之。明旦之市而醉，其真子恐其父之不能反也，遂逝[19]迎之，丈人望其真子，拔剑而刺之。丈人智惑于似其子者，而杀其真子。夫惑于似士者，而失于真士，此黎丘丈人之智也。疑似之迹，不可不察。察之必于其人也，舜为御，尧为左，禹为右，入于泽而问牧童，入于水而问渔师，奚故也，其知之审也。夫孪子[20]之相似者，其母常识之，知之审也。

---

[1]吴干：吴国之干将宝剑也。　[2]通：达也。　[3]墨子：见《贵因》篇。本句一说“墨子”下脱“见练丝而泣之，为其可以黄可以黑扬子”十六字；“哭之”下脱“为其可以南可以北”八字。一说恐因墨子泣丝事而误。　[4]宅：居也。酆，亦作“豐”，在陕西西安西北。镐：在西安西，皆周旧都也。　[5]葆，一作“堡”。壔（dǎo）：堡也。王路：大路也。　[6]当，一作“尝”。　[7]幽王：见《离谓》篇。　[8]褒姒：褒国之女，褒国进于幽王，幽王爱之，废后申氏而立为后。　[9]丽山：亦作“骊山”，在陕西临潼东南，戎人入寇，杀幽王于山下。　[10]说，读如“悦”。　[11]平王：名宜白，幽王后申氏所生，初为太子。及褒姒为后，宜白亦被废，褒姒子伯服为太子。申侯，宜白之舅也，怒而引戎入寇，杀幽王，立宜白，是为平王。平王畏戎逼，东迁于洛为东周，而周室衰。　[12]秦襄：秦之襄公也。戎之难，襄公以兵救周，战甚力，及平王东徙，襄公以兵送之，平王封为诸

侯，赐之岐西之地，秦于是始国。晋文：晋文侯仇也，戎寇周，文侯亦有功焉。 [13]部，一作“乡”。 [14]丈人：见《异宝》篇。 [15]诮：一、责斥，二、讥讽，在此用第一义。 [16]昔也：犹昨日。责：与“债”同，贷也。 [17]可问：言可问东邑人以证明之。 [18]端：准备之意。 [19]逝：往也。 [20]孪子：双生子也。

察传

夫得言不可以不察。数传而白为黑，黑为白。故狗似玃[1]，玃似母猴，母猴似人。人之与狗则远矣，此愚者之所以大过[2]也。闻而审，则为福矣！闻而不审，不若无闻矣。齐桓公闻管子于鲍叔[3]，楚庄闻孙叔敖于沈尹筮[4]，审之也。故国霸诸侯也。吴王闻越王句践于太宰嚭[5]，智伯闻赵襄子于张武[6]，不审也。故国亡身死也。凡闻言必熟论[7]，其于人必验之以理[8]。

鲁哀公[9]问于孔子曰："乐正夔一足[10]，信乎？"孔子曰："昔者舜欲以乐传教于天下，乃令重黎[11]举夔于草莽之中，而进之，舜以为乐正。夔于是正六律[12]，和五声[13]，以通八风[14]，而天下大服。重黎又欲益求人[15]，舜曰：'夫乐，天地之精也，得失之节也，故唯圣人为能和[16]乐之本也，夔能和之以平天下，若夔者，一而足矣。'故曰夔一足，非一足也。"

宋之丁氏，家无井，而出溉汲，常一人居外。及其家穿井，告人曰："吾穿井得一人。"有闻而传之者曰："丁氏穿井得一人。"国人道之，闻之于宋君，宋君令人问之于丁氏，丁氏对曰："得一人之使，非得一人于井中也。"求能之若此[17]，不若无闻也。

子夏[18]之晋，过卫，有读史记[19]者曰："晋师三豕涉河。”子夏曰：“非也，是己亥也。夫己与三相近，豕与亥相似[20]。”至于晋而问之，则曰晋师己亥涉河也。辞多类非而是，多类是而非。是非之经[21]，不可不分[22]。此圣人之所慎也。然则何以慎缘物之情，及人之情，以为所闻，则得之矣[23]。

---

[1]玃（jué）：大猴也。 [2]过：见《谨听》篇。 [3]鲍叔荐管仲于齐桓公，以成霸业，见《贵公》篇注。 [4]楚庄：春秋五霸之一，名旅，一作“侣”。孙叔敖：见《异宝》篇。沈尹筮：沈县大夫名筮也。筮游郢五年，庄王欲以为相，筮辞，而荐孙叔敖，庄王从之，孙叔敖相楚十二年而楚霸。 [5]吴王：阖闾之子夫差也。越王句践：灭吴称霸者。太宰嚭：吴之太宰名嚭也，楚伯州犁之孙，逃于吴，又称伯嚭。一说州犁之子。越始为吴败，句践赂太宰嚭以求成，嚭言于夫差而许之。伍员谏，不听，夫差卒为越所灭。 [6]智伯：晋大夫，名瑶。赵襄子：晋大夫，名无恤，简子之子。张武：晋人，事智伯。武先教智伯灭晋大夫范氏、中行氏，又教之求地于韩、魏、赵三家，韩魏与之。赵襄子不与，智伯率韩、魏以攻赵。赵阴与韩、魏合，反攻智伯而灭之。 [7]熟：见《重己》篇。 [8]验之以理：谓以道理征验之。 [9]鲁哀公：见《先己》篇。 [10]乐正：官名，乐官也。夔：人名，舜典乐之官。 [11]尧时掌天地四时之官有羲氏、和氏，重即羲，黎即和也。 [12]六律：律管之合阳声者，黄钟、太簇、姑洗、蕤宾、夷则、亡射也。 [13]五声：宫、商、角、徵、羽也。 [14]八风：八方之风，东风、南风、西风、北风、东南风、东北风、西南风、西北风也。 [15]益求人：益求如夔者。 [16]和：调

也。[17]求能之若此，一说疑“求闻若此”。[18]子夏：见《举难》篇。[19]史记：记史事之书。[20]己：古文作己，亥：古文作吊。[21]经：理也。[22]分：明也。[23]言因物情人情以为所闻，则自得之，如一足之夔，穿井得人，三豕渡河，皆物情人情所无，而不足信者也。

壅　塞

亡国之主，不可以直言。不可以直言，则过无道[1]闻，而善无自至矣。无自至则壅。

秦缪公[2]时，戎强大。秦缪公遗之女乐二八与良宰[3]焉。戎主大喜，以其故数饮食，日夜不休，左右有言秦寇之至者，因扜弓[4]而射之。秦寇果至，戎主醉而卧于樽下，卒生缚而擒之。未擒则不可知，已擒则又不知，虽善说者犹若此何哉[5]！

齐攻宋[6]，宋王使人候齐寇之所至[7]。使者还曰："齐寇近矣，国人恐矣。"左右皆谓宋王曰："此所谓肉自生虫者也。以宋之强，齐兵之弱，恶能如此！"宋王因怒而诎杀之[8]。又使人往视齐寇，使者报如前，宋王又怒诎杀之，如此者三。其后又使人往视，齐寇近矣国人恐矣。使者遇其兄，曰："国危甚矣，若将安适？"其弟曰："为王视齐寇，不意其近而国人恐如此也！今又私患乡之先视齐寇者，皆以寇之近也报而死。今也，报其情，死，不报其情，又恐死[9]，将若何？"其兄曰："如报其情，有且先夫死者死，先夫亡者亡。"于是报于王曰："殊不知齐寇之所在，国人甚安。"王大喜。左右皆曰："乡之死者宜矣。"王多赐之金。寇至，王自投车上，驰而走，此人得以富于他国。夫登山而视牛若羊，视羊若豚，牛之性不若羊，羊之性不若豚，所自视之势过也[10]，而因怒于牛羊之小也。此狂夫之大者，狂而以行赏罚，此戴氏之所以绝也[11]。

齐王欲以淳于髡[12]傅太子，髡辞曰："臣不肖，不足以当此大任也，王不若择国之长者而使之。"齐王曰："子无辞也，寡人岂责子之令太子必如寡人也哉？寡人固生而有之也。子为寡人令太子如尧乎，其如舜也？"凡说之行也道[13]，不智听智，从[自]非受是也。今自以贤过于尧舜，彼且胡可以开说哉！说必不入，不闻存君[14]。

齐宣王[15]好射，说人之谓己能用强弓也。其尝所用，不过三石，以示左右，左右皆试引之，中关而止[16]，皆曰："此不下九石，非王其孰能用是！"宣王之情[17]，所用不过三石，而终身自以为用九石，岂不悲哉！非直士其孰能不阿主，世之直士，其寡不胜众，数[18]也。故乱国之主，患存乎用三石为九石也。

---

[1]道：见《权勋》篇。　[2]秦缪公：名任好，春秋时霸主之一。　[3]良宰：宰夫之善调味者。　[4]扜（yū）：挽也。　[5]言虽善说者亦无如之何。　[6]齐湣王攻宋而灭之。　[7]宋王：名偃。宋至偃始称王，暴虐无道，为宋末君。候：见《贵因》篇。　[8]诎：与"屈"同；诎杀：枉杀也。　[9]言以实情报，则宋王将杀之，不以实情报，又恐齐兵至，因无备而死难。　[10]言所从视之失，而非实情也。　[11]戴氏：宋戴公之后，其子孙与

宋同存亡。戴氏之所以绝，犹言宋之所以不祀也。 [12]淳于髡：见《离谓》篇。 [13]道：谓有道也。 [14]谓危亡也。 [15]齐宣王：名辟疆。 [16]关，读如“弯”；中关而止：谓弯弓弦至半而止，不曳满也。 [17]情：情实。 [18]数：道数也。

别类

知不知上矣[1]，过者之患，不知而自以为知。物多类然而不然，故亡国僇民无已。夫草有莘有藟。独食之则杀人，合而食之则益寿[2]。万堇不杀[3]。漆淖[4]水淖，合两淖则为蹇[5]，湿之则为干[6]；金柔锡柔，合两柔则为刚，燔之则为淖[7]。或湿而干，或燔而淖，类固不必可推知也。小方，大方之类也，小马，大马之类也。小智，非大智之类也。

鲁人有公孙绰者[8]，告人曰："我能起死人。"人问其故，对曰："我固能治偏枯，今吾倍所以为偏枯之药，则可以起死人矣。"物固有可以为小，不可以为大；可以为半，不可以为全者也[9]。

相剑者曰："白所以为坚也，黄所以为牣[10]也，黄白杂，则坚且牣，良剑也。"难者曰："白所以为不牣也，黄所以为不坚也，黄白杂，则不坚且不牣也；又柔则锩，坚则折，剑折且锩[11]，焉得为利剑！"剑之情未革[12]，而或以为良，或以为恶，说使之也；故有以聪明听说，则妄说者止，无以聪明听说，则尧桀无别矣[13]，此忠臣之所患也，贤者之所以废也。义，小为之，则小有福，大为之，则大有福，于祸则不然，小有之，不若其亡也。射招[14]者，欲其中小也，射兽者，欲其中大也，物固不必，安可推也！

高阳应[15]将为室，家匠[16]对曰：“未可也，木尚生[17]，加涂其上，必将挠，以生为室，今虽善，后将必败。”高阳应曰：“缘子之言，则室不败也，木益枯则劲；涂益干则轻，以益劲任益轻，则不败。”匠人无辞而对，受令而为之。室之始成也善，其后果败。高阳应好小察而不通乎大理也。骥骜绿耳[18]，背日而西走，至乎夕，则日在其前矣。目固有不见也；智固有不知也；数固有不及也。不知其说所以然而然，圣人因而兴制，不事心焉。

---

[1]言己所不知，即自承不知，上也。　[2]合药而服之，能愈人病，故曰益寿。　[3]堇：乌头也，毒草。万堇不杀：其理不详。　[4]淖（nào）：烂泥；泥坑。　[5]蹇：强也。合两淖则为蹇：言水漆相合，则坚强也。　[6]干：燥也。　[7]火炽金流，故为淖也。　[8]公孙绰：一作“王孙绰”，谓为周人或卫人。　[9]言公孙绰之说之谬也。　[10]牣（rèn）：与“韧”通，柔而固也。　[11]锩（juǎn）：屈金也。　[12]剑之情未革：谓剑之实情未更改。　[13]尧桀无别：言不能别其为尧为桀。[14]招：见《本生》篇。　[15]高阳应：高阳姓，应名，宋大夫，善辩。一作“高阳魋”。　[16]家匠：私有之匠人。　[17]木尚生：谓木犹未干。　[18]骥骜：见《察今》篇。绿耳：亦骏马名，亦作“騄耳”，又作“騄駬”。

分 职

先王用非其有，如己有之，通乎君道者也。夫君也者，处虚素服[1]而无智，故能使众智也。智反无能，故能使众能也。能执无为，故能使众为也。无智无能无为，此君之所以执也。人主之所惑者则不然：以其智强智，以其能强能，以其为强为。此处人臣之职也。处人臣之职，而欲无壅塞，虽舜不能为。武王之佐五人[2]，武王之于五人者之事无能也，然而世皆曰："取天下者，武王也。"故武王取非其有，如己有之，通乎君道也。通乎君道，则能令智者谋矣，能令勇者怒矣，能令辩者语矣。夫马者，伯乐相之[3]，造父御之[4]，贤主乘之，一日千里，无御相之劳，而有其功，则知所乘矣。今召客者，酒酣歌舞，鼓瑟吹竽，明日，不拜乐己者[5]，而拜主人，主人使之也。先王之立功名，有似于此。使众能与众贤，功名大立于世，不予佐之者，而予其主，其主使之也。譬之若为宫室，必任巧匠，奚故？曰："匠不巧，则宫室不善。"夫国，重物也，其不善也，岂特宫室哉！巧匠为宫室，为圆必以规，为方必以矩，为平直必以准绳[6]，功已就，不知规矩绳墨[7]，而赏匠巧也。[匠之]宫室已成，不知巧匠，而皆曰："善，此某君某王之宫室也。"此不可不察也：人主之不通主道者则不然，自为[人]之则不能，任贤者则恶之；与不肖者议之，此功名之所以伤，国家之所以危。枣，棘[8]之有，裘，狐之有也。食棘之枣，衣狐之皮，先王固用非其有，而已有之。汤武一日而尽有夏商之民，尽有夏商之地，尽有夏商之财。以其民安，而天下莫敢之[9]危；以其地封，而天下莫敢不说；以其财赏，而天下皆竞。无费乎郣与岐周[10]，而天下称大仁、称大义。通乎用非其有。

白公胜得荆国[11]，不能以其府库分人。七日，石乞[12]曰："患至矣！不能分人，则焚之，毋令人以害我。"白公又不能。九日，叶公[13]入，乃发太府[14]之货予众，出高库之兵以赋民[15]，因攻之，十有九日而白公死。国非其有也，而欲有之，可谓至贪矣。不能为人，又不能自为，可谓至愚矣。譬白公之啬，若枭之爱其子也[16]。

卫灵公[17]天寒凿池，宛春[18]谏曰："天寒起役，恐伤民。"公曰："天寒乎？"宛春曰："公衣狐裘，坐熊席，陬隅有灶，是以不寒。今民衣弊不补，履决不组[19]，君则不寒矣，民则寒矣。"公曰："善。"令罢役。左右以谏曰："君凿池，不知天之寒也，而春也知之，以春之知之也，而令罢之[20]，福将归于春也，而怨将归于君。"公曰："不然，夫春也，鲁国之匹夫也，而我举之，夫民未有见焉，今将令民以此见之；[曰]且春也有善，于寡人有也，春之善，非寡人之善欤！"灵公之论宛春，可谓知君道矣。君者固无任，而以职受任！工拙，下也！赏罚，法也，君奚事哉。若是则受赏者无德，而抵[21]诛者无怨矣，人自反而已。此治之至也。

---

[1]素服：即素位素守之意。　[2]五人：周公旦、召公奭、太公望、毕公高、苏忿生。武王时司寇。　[3]伯乐：姓孙，名阳，善相马，事秦穆公。　[4]造父：嬴姓，善御，事周穆王。　[5]乐己者：谓倡优。　[6]规、矩、准、绳：皆器名，规所以为圆，矩所以为方，准所以平，绳所以为直。　[7]墨之用与绳等。　[8]棘：树之小而丛生为“棘”。　[9]敢之：一说似当乙。　[10]郼：读如“衣”，殷旧封国名，如周之岐。岐周：见《贵因》篇。[11]白公胜：见《精谕》篇。胜杀令尹子西司马子期而得荆国。[12]石乞：白公臣。　[13]叶公：楚叶县尹，姓沈，名诸梁，字子高，僭称公。　[14]太府：藏财货之所。　[15]高库：藏兵械之所。赋：与也。　[16]言白公爱财而杀其身，犹枭爱其子，子长而食其母。　[17]卫灵公：名元。　[18]宛春：鲁人。　[19]履决不组：履穿之补缀也。　[20]福，一作“德”。　[21]抵：当。

务大

尝试观于上志[1]，三王之佐，其名无不荣者，其实无不安者，功大故也。俗主之佐，其欲名实也，与三王之佐同，其名无不辱者，其实无不危者，无功[2]故也。皆患其身不贵于其国也，而不患其主之不贵于天下也。此所以欲荣而逾辱也，欲安而逾危也。孔子曰："燕爵争善处于一屋之下，母子相哺也，[区区]呕呕[3]焉相乐也，自以为安矣。灶突决[4]，上[栋]焚栋，燕爵颜色不变，是何也，不知祸之将及之[5]也，不亦愚乎！"为人臣而免于燕爵之智者寡矣。夫为人臣者，进其爵禄富贵，父子兄弟，相与比周[6]于一国，[区区]呕呕焉相乐也，而以危其社稷，其为灶突近矣，而终不知也。其与燕爵之智不异。故曰：天下大乱，无有安国，一国尽乱，无有安家，一家尽乱，无有安身，此之谓也。故细之安，必待大，大之安，必待小，细大贱贵，交相为赞[7]，然后皆得其所乐。

薄疑说卫嗣君以王术[8]，嗣君应之曰："所有者[9]，千乘也，愿以受教[10]！"薄疑对曰："乌获奉千钧，又况一斤[11]。"杜赫以安天下说周昭文君[12]，昭文君谓杜赫曰："愿学所以安周！"杜赫对曰："臣之所言者不可，则不能安周矣，臣之所言者可，则周自安矣。"此所谓以弗安而安者也。郑君问于被瞻曰[13]："闻先生之义，不死君，不亡君，信有之乎？"被瞻对曰："有之，夫言不听，道不行，则固不事君也，若言听道行，又何死亡哉！"故被瞻之不死亡也，贤乎其死亡者也。昔有舜欲服海外而不成，既足以成帝矣；禹欲帝而不成，既足以王海内矣；汤武欲继禹而不成，既足以王通达矣[14]；五伯欲继汤武而不成，既足以为诸侯长矣；孔墨欲行大道于世而不成，既足以成显荣矣，夫大义之不成，既有成已，故务事大。

---

[1]上志：古代之记载。　[2]无功：无大功也。　[3]呕呕（ǒu）：喜乐貌。　[4]灶突：灶上烟囱也。决：出露之意。灶突外露，燔薪不深入，易致火灾也。　[5]之，一说当作"己"。　[6]比周：阿附之意。　[7]赞：助也。　[8]薄疑：卫臣。卫嗣君：战国时卫君，以国弱，始贬号为君。　[9]句首一有"予"字。　[10]谓惟愿以千乘国受教。　[11]乌获：见《重己》篇。奉，一作"举"。千钧：三万斤也。千钧喻王术，一斤喻治国，言王术可为，于治国何有。　[12]杜赫：周人。昭文君：东周之君也。　[13]郑君：郑穆公也。被瞻：郑大夫。瞻，一作"詹"。　[14]通达：四通八达，喻其广也。